第六辑

主编 洪 炜

国际汉语

Chinese Language in the World

中山大学
出版社

·广州·

SUN YAT-SEN UNIVERSITY PRESS

图书在版编目（CIP）数据

国际汉语.第六辑/洪炜主编.—广州：中山大学出版社，2024.4
ISBN 978 - 7 - 306 - 08073 - 8

Ⅰ.①国…　Ⅱ.①洪…　Ⅲ.①汉语—对外汉语教学—文集　Ⅳ.①H195 - 53

中国国家版本馆 CIP 数据核字（2024）第 072639 号

出　版　人：王天琪
策划编辑：李海东
责任编辑：李海东
封面设计：曾　斌
责任校对：陈晓阳
责任技编：靳晓虹
出版发行：中山大学出版社
电　　话：编辑部 020 - 84110283，84113349，84111997，84110779，84110776
　　　　　发行部 020 - 84111998，84111981，84111160
地　　址：广州市新港西路 135 号
邮　　编：510275　　　　传　真：020 - 84036565
网　　址：http://www.zsup.com.cn　　E-mail：zdcbs@ mail.sysu.edu.cn
印　刷　者：佛山市浩文彩色印刷有限公司
规　　格：787mm×1092mm　1/16　11 印张　240 千字
版次印次：2024 年 4 月第 1 版　　2024 年 4 月第 1 次印刷
定　　价：48.00 元

目　　录

汉语二语习得研究

美国小学儿童汉语拼音字母知识学习难点研究
　　——来自拼音朗读任务的数据 ……………… 刘璟之　徐彩华　　1
泰国汉语学习者汉语前后鼻音韵母的感知研究
　　…………………………………………… 张　凌　石　柳　14
汉语二语者同素单双音词语混淆的分布特征及其生成机制
　　…………………………………………… 付冬冬　于　洋　24
日韩母语者"经验""经历"相关词语的习得研究
　　…………………………………………… 李　瑞　周小兵　37
词汇丰富性对汉语学习者不同文体写作质量的影响
　　……………………… 张　念　黄晨欣　倪　竞　47

国际中文教学研究

基于教学结构和过程的汉语阅读理解理论模型
　　…………………………………………… 郑艳群　王　艳　61
试论显性认知在汉语语法教学中的应用 … 翟　艳　耿　洁　74
ChatGPT 在汉语二语写作中的纠正反馈能力考察
　　…………………………………………… 刘　瑜　谭　坦　陈　青　83
汉语学术语篇话语标记语使用情况考察与分析 …… 李欣珂　99

国际中文教师培养

基于汉硕核心课程建设的国际中文教育学科育人路径与方法
……………………………………………… 陈　晨　111
《叠合的中华文化与传播》课程实践调研报告
……………………………………………… 颜湘茹　王　诺　118
正则表达式在对外汉语教学与研究中的应用 ……… 卢达威　128

国际中文教材研发

初级汉语综合教材中地域文化的编写情况研究 …… 梁珊珊　138
40 年来新加坡小学华文教材练习演变研究
……………………………………………… 杨万兵　甘寒松　147

English Abstracts ……………………………………… 159

Contents

Research on L2 Chinese Acquisition

A Study on the Challenges in Learning Chinese Pinyin Letter
  Knowledge among Elementary School Children in the United States
  —Insights from Phonetic Reading Tasks' Data
  ·· LIU Jingzhi, XU Caihua   1
A Study on the Perception of Chinese Alveolar and Velar Nasal
  Codas by Thai Learners of Chinese as a Second Language
  ··· ZHANG Ling, SHI Liu   14
The Distribution Characteristics and Generative Mechanism of
  Homomorphemic Monosyllabic and Disyllabic Confusable
  Words by CSL ························· FU Dongdong, YU Yang   24
A Study on the Acquisition of Words Related to "Jingyan" and
  "Jingli" by Native Japanese and Korean Speakers
  ··· LI Rui, ZHOU Xiaobing   37
The Relationship of Lexical Richness to the Quality of Chinese
  Learners' Essays in Two Genres
  ················· ZHANG Nian, HUANG Chenxin, NI Jing   47

Research on International Chinese Language Teaching

Chinese Reading Comprehension Theoretical Model Based on
  Teaching Structure and Process
  ································· ZHENG Yanqun, WANG Yan   61
The Application of Explicit Cognition in Chinese Grammar Teaching
  ··· ZHAI Yan, GENG Jie   74

ChatGPT's Corrective Feedback Ability for Chinese L2 Writing
·· LIU Yu，TAN Tan，CHEN Qing 　83
An Investigation and Analysis of the Use of Discourse Markers in
Chinese Academic Discourses ······················· LI Xinke 　99

International Chinese Teacher Training

The Design and Implementation of an International Chinese
Education Curriculum Based on the Construction of the MTCSOL
Core Curriculum ································· CHEN Chen 　111
Course Practice Investigation Report on *Superimposed Chinese
Culture and Its Dissemination*
····································· YAN Xiangru，WANG Nuo 　118
The Application of Regular Expressions in Teaching and Research
of Chinese as a Second Language ················ LU Dawei 　128

Research and Development of International Chinese Textbooks

A Study on the Compilation of Regional Culture in Elementary
Chinese Comprehensive Textbooks ········ LIANG Shanshan 　138
A Diachronic Evolution Study on the Exercise Design of Chinese
Language Textbooks for Primary Schools in Singapore Since 1970's
································· YANG Wanbing，GAN Hansong 　147

English Abstracts ··· 159

美国小学儿童汉语拼音字母知识学习难点研究
——来自拼音朗读任务的数据

刘璟之　徐彩华

摘　要： 本研究采用横断加纵向的实验设计，测查 32 名美国一、四年级儿童汉语拼音朗读成绩，同时还考查了其汉语口语水平。结果发现：①在每两周三课时（30 分钟/课时）的条件下，美国儿童掌握汉语拼音较容易，学习 4 个月后声母、韵母朗读正确率处于 0.54～0.86 之间，声母成绩高于韵母。②一、四年级儿童学习难点相似，主要有三类：两类为形音匹配方向，与英语字母字形相同但读音不同的字母，汉语独有的某些舌尖后音、合口呼、撮口呼；一类为音形匹配方向，与英语读音相似但拼写不同的字母组合。③继续学习 8 周后，大部分儿童声母、韵母成绩显著进步，但部分儿童声母、韵母成绩进步缓慢。④汉英陌生音素是学习难点。⑤前测中的韵母成绩对后测中的汉语口语成绩有显著预测作用。结果表明，英语母语环境下作为二语的儿童汉语拼音字母朗读学习虽较为容易，但也不是一蹴而就的，需连续系统地进行练习。

关键词： 汉语拼音；二语学习；美国；小学儿童

1　引　言

　　在母语为拼音文字的儿童书面阅读能力获得中，核心能力是学会文字与读音的匹配，然后经由读音通达文字的意义。因此形－音匹配能力是拼音语言儿童阅读能力的核心（Jared, *et al.* , 2016）。同样，在作为外语或 L2 的儿童语言学习中，形－音匹配学习也非常重要。目标语的字母知识、基本拼读规则的获得都是语言学习之初的基本内容。而且相比母语中的形音习得，作为外语或 L2 的形音匹配学习可能会更难，因为没有作为先决基础的音义匹配储备，需同时学习音－形和音－义匹配。汉语作为非拼音文字，形－音－义匹配的习得过程更加复杂，需要学习拼音－语义和汉字－语义两套书面符号系统。由于汉字字形表征的获得需要较长时间积累，即使汉语母语儿童也需要 2～3 年汉语拼音辅助，因此汉语拼音在以汉语作为外语或 L2 的海外儿童汉语学习中起着重要作用，是其早期阶段汉语口语学习不可或缺的重要文字符号依托（徐彩华、肖慧敏，2023）。在阅读初期，儿童处于学习阅读（learning to read）阶段，其首要任务是学习书面语和口语的形－音联结，并基于口语经验中已有的音－义联结，逐步形成形－音－义的联结。该阶段阅读材料的理解难度相对不大，基本与儿童的口语经验密切相关，只要儿童能够将书面语解码为语音形式，就能理解其含义，因此解码能力的高低决定了阅读理解的差异（闫梦格 等，2020）。程亚华等（2023）发现学习者口语词汇水平是持续发展的，且其初始水平对晚期的阅读能力有重要的预测作用，因此口语词汇水平的发展是非常重要的。而要发展口语水平就需要文字符号的依托，所以仅进行口语形式的双语学习而忽略两种语言的文字学习是不够的，必须进行有文字符号依托的双语双文学习。

实际上，当代国际儿童双语教学最前沿的趋势就是重视双语和双文的同时学习。大量研究数据表明双文学习能在认知控制和元语言意识发展等方面给儿童带来很多认知益处（Kenner, et al., 2004）。Geva 和 Siegel（2000）提出的文字依赖假说（script dependence hypothesis）认为双文正字法越相似，同期获得的双文之间的促进作用就越大。当然也有一些研究表明，当两种文字的正字法相似时，儿童的双文学习不可避免地会出现少量混淆现象。然而，基于 Rolstad 和 MacSwan（2014）提出的促进效应理论（facilitation effect theory），混淆现象的心理实质是儿童对母语字母和外语字母间"同形异音"现象产生一定程度的混淆，混淆在带来短暂的学习困难的同时，更能激发儿童克服混淆的精细文字辨认和匹配能力。因此，当前儿童双文学习理论重视儿童克服混淆点体现出来的积极因素。而且从已有研究结果可知，儿童比较弱的是 L2 字形与语音、语义的连接，且儿童的 L2 文字输入总是弱于 L1，不会对 L1 形成大的冲击，儿童双文学习中的主要问题是如何让儿童更早地意识到在字母同形的情况下外语或 L2 的文字如何发音（刘璟之 等，2020）。

从这个角度看，我国《汉语拼音方案》使用国际上广泛应用的拉丁字母是非常科学的，能最大限度地降低海外儿童汉语口语学习的难度。因为汉语的字形复杂度高，口语与书面语学习之间有一定距离，对于书面语能力有限的外族儿童而言，用汉字作为汉语口语学习的书面符号支撑体系是不现实的（徐彩华、刘璟之，2016）。所以在海外儿童初学汉语阶段，我们将汉语拼音作为符号支撑的文字体系，能让儿童将口语知识与书面语（拼音）形成形－音－义联结，获得与文字（拼音）相结合的口语知识，真正进入双文学习。

相比于字母读音与汉语拼音字母差异较大的西班牙语（肖莉，2005）、意大利语（陈彧，2013；龙藜，2012）、挪威语（袁旻星，2012）等环境，在英语环境下学习汉语拼音有很多便利，同时也有一些汉语独特的难点。有研究发现，即使不学习汉语拼音，英国小学四年级儿童凭借其英语字母知识也能读对三分之一的汉语单音节词，但也会出现较多与英语拼读混淆产生的误读（李佳，2015）。因此如何在英语环境下，针对小学儿童，加强作为弱势语言（L2）的汉语拼音学习效率，是非常必要的。我们只有捋清英语环境下，儿童汉语拼音学习的规律及难点，才能有针对性地改进教学策略，让儿童习得汉语拼音，然后才能利用好汉语拼音表音透明性的优势，为汉语口语发展提供长期依托的书面符号系统，以真正解决汉语学习中的语、文距离问题，提高小学儿童汉语口语教学效率。

此外，基于美国阅读心理学家 Perfetti（2007）的词典质量假设（lexical quality hypothesis），词典中词条的形、音、义三者是高度密切关联的。三者中任何一方的缺失或质量不足，都会损伤词典的质量。近年来，有关英语母语儿童阅读加工的研究也发现，五年级儿童阅读中语义通达仍然很大程度上依赖于语音转录（Jared, *et al.*, 2016）。可见，在儿童的语言学习中语音表征的透明性是很重要的，需要我们更加重视语、文距离的设计，加强汉语拼音的语音符号认知功能，这样才能提高词汇学习和口语学习的效率，最终实现高效的汉语教学。

鉴于此，在本研究中，我们将注意力放在美国小学儿童的汉语拼音朗读的正确率上，从其朗读正确性中离析出他们所掌握的声母、韵母知识，分析被试拼音学习难点，同时探测汉语拼音字母知识成绩对汉语口语水平的预测作用，以此进行有针对性的教学，提高儿童拼音及汉语口语学习效率。文章还探讨了上述结果对海外儿童汉语拼音教学的启示。

2 实验研究

2.1 实验设计

本研究采用横断加纵向（T1、T2）的实验设计。横断设计指的是在同一时间对美国一、四年级儿童进行汉语拼音读音测查、汉语口语水平测查，纵向设计指的是两个年级都各自分前后两次进行追踪测查，前测（T1）与后测（T2）间隔 12 周。

2.2 被试

本研究被试为美国田纳西州州府纳什维尔市 G 小学的 32 名儿童（应当地教育局要求，省去具体名字，用 G 字母代替），一年级和四年级各 16 名，分别为一、四两个年级的一个自然班。G 校为两学期制，有 K 至四年级共五个年级，汉语是该校唯一的外语必修课，每三天上一节汉语课，周六、日休息，每次课 30 分钟，课时与该校艺术课、音乐课相同。该校汉语教学以汉语口语教学为主，以汉语拼音作为主要书面符号依托。一、四年级儿童虽然有一些汉语学习经历，但没有系统学习过汉语拼音，在实验开始之后才正式开始汉语拼音学习。

2.3 测查材料

本研究共有两项测试内容。

（1）汉语拼音字母知识测查。结合教学内容，研发了"汉语拼音音节朗读表"。表中一共有 35 个学生学习过的音节。35 个音节为：yi、yu、wo、er、ge、me、qi、he、nü、zi、qu、za、chi、fan、lan、cai、zhai、nian、bang、huang、yao、wei、xie、shen、leng、sun、lun、cou、rou、liu、yue、you、shui、jing、long，所有音节未标声调。其中包含了汉语拼音中除 u、ia、ua、uai、uan、iang、ueng、iong、in、ün、üan 以外的

28 个韵母和除 p、d、t、k 以外的 19 个声母。为了追踪观察学生汉语拼音的学习情况，根据前测结果，挑选了 7 个易错音节（qun、xu、bo、zhan、gong、you、cai）进行后测。

（2）汉语口语水平测查。采用翻译任务，要求儿童听到主试朗读的汉语单词、短语、句子后立即翻译，说出英文意思。一年级测试词单中包含 24 个汉语单词（咖啡色、蓝色、女孩子、高高兴兴、马马虎虎、猴子、蛇、饿、摩托车、对不起、谢谢、爷爷、橄榄球、鼻子、老师、喜欢、他们、蜡笔、电视、没有、闪电、晴天、衬衫、美国）、3 个汉语短语（三十六、七百四十一、孙悟空）和 3 个汉语句子（"你好吗？""你叫什么名字？""天气怎么样？"）。四年级测试词单中的 24 个汉语单词与一年级相同，但包含 6 个短语（三点半、一九八五年、三百六十四、你的狗、为什么、吃鸡肉）和 6 个句子（"你叫什么名字？""你从哪里来？""多少钱？""我爱打乒乓球。""天气怎么样？""哪里不舒服？"）。

2.4 测查实施与成绩评分

本研究在第一学期末进行前测（T1），首先要求儿童朗读"汉语拼音音节朗读表"，大约休息两分钟后进行汉语口语水平测查。此时学生的汉语学习总时长为 16 周（进行了 27 次汉语学习，共 810 分钟，其中 270 分钟为汉语拼音学习，其余为汉语口语、汉字书写等学习）。然后在第一学期结束、4 周假期后、第二学期开学 8 周之后，进行后测（T2），要求儿童朗读 7 个易错音节，然后进行汉语口语水平测查，测试内容、间隔时间同前测，此时学生的汉语学习

新增时长为 8 周（进行了 14 次汉语学习，共计 420 分钟，其中 140 分钟为汉语拼音学习，其余为汉语口语、汉字书写等学习）。至后测时，两个年级汉语学习总时长均为 24 周。所有测查均由主试与儿童一对一进行。评分由两名熟悉儿童口音的汉语教师进行。汉语拼音字母知识测查中，分别给声母、韵母评分，读音正确记 2 分，读音较为接近记 1 分，读音错误（完全不像）记 0 分；汉语口语水平测查中，每个单词 2 分，每个短语 3 分，每个句子 4 分，根据完成情况给分。两名评定者先对 20% 的材料分别打分，然后对不一致的得分进行商议，统一意见后再进行两次测查材料的全面评定。两次测查中两人的项目信度均达 0.9 以上（Cronbach's $\alpha > 0.90$）。

3 数据分析与结果

3.1 第一次横断测查结果

两个年级第一次横断测查结果见表 1。

由表 1 可知，从儿童正式学习汉语拼音 4 个月后的前测看，在课时不多的情况下，一年级声母朗读的正确率就达到了 78%，韵母正确率为 54%；四年级声母、韵母正确率分别为 86% 和 63%。显然，对于美国小学儿童来说，汉语拼音字母知识的朗读学习难度在中等程度，初次学习的正确率能达到 54%～78%。同年级内横向对比，声母成绩均显著高于韵母（$t = 9.59$，$p < 0.001$；$t = 7.76$，$p < 0.001$）。总体而言，美国小学儿童掌握汉语拼音字母读音知识是较为容易的，其中声母掌握水平高于韵母。

表1　两个年级被试声母、韵母及分群后平均正确率（标准差）

声母、韵母及分群			一年级	四年级
声母	1. 声母总体		78 (0.95)	86 (0.41)
	2. 按照发音方法分类	边音　l	100 (0)	100 (0)
		鼻音　m、n	94 (0.13)	100 (0)
		擦音　f; h、s、sh、r、x	85 (0.13)	96 (0.06)
		塞音　b; g	72 (0.26)	88 (0.22)
		塞擦音　j、z、ch; q; zh、c	44 (0.16)	53 (0.12)
	3. 按照发音部位分类	双唇音　b、m	100 (0)	100 (0)
		唇齿音　f	100 (0)	100 (0)
		舌尖中音　l、n	97 (0.06)	100 (0)
		零声母　y、w	93 (0.12)	100 (0)
		舌根音　h; g	73 (0.22)	92 (0.15)
		舌尖后音　sh、r、ch; zh	63 (0.18)	78 (0.13)
		舌面音　j; x; q	56 (0.33)	78 (0.21)
		舌尖前音　s; z; c	53 (0.22)	50 (0.15)
韵母	1. 韵母总体		54 (0.16)	63 (0.13)
	2. 按照韵母开头元音口形分类	齐齿呼　ing、ian; iu、i、ie	66 (0.31)	83 (0.13)
		开口呼　en、er、a、ao; ei、o、an、ang、eng; ou、-i（后）、-i（前）; ai、e	56 (0.13)	65 (0.13)
		撮口呼　üe、ü	46 (0.33)	63 (0.31)
		合口呼　ong、uang; un、ui	36 (0.21)	33 (0.28)

说明：每一类别的声母、韵母内部成绩由高到低排序，经检验无差异的以顿号（、）隔开，经检验差异显著的以分号（;）隔开。平均正确率的单位为:%（表2、表3同）。

细致分析全体声母、韵母的成绩分布，发现正确率有86%～100%、66%～85%、41%～65%、0～40%这四个区段。如果以86%以上正确率为掌握较好，66%～85%的为掌握一般，41%～65%的为较差，40%以下的为极差的标准，一、四年级儿童拼音字母知识掌握极差和较差的学习难点是相似的，共有三类。前两组为形音匹配方向：①与英语字母字形相同但读音不同的声母 c

（正确率为3.13%）、q（52.34%）、g（59.38%），韵母e（37.5%）、-i（前）（54.69%）、-i（后）（56.25%）；②汉语独有的某些舌尖后音声母，合口呼、撮口呼韵母如 zh（15.63%）、un（28.91%）、uang（39.06%）、ü（54.17%）、üe（56.25%）。第三组为音形匹配方向：与英语读音相似但字母组合形式不同的 ui（23.44%）、ou（57.29%）。

对两个年级间各项成绩进行 T 检验，

发现四年级声母成绩显著高于一年级（t = 3.13，$p < 0.01$），声母群的擦音（f、h、s、sh、r、x）、零声母（y、w）、舌根音（h、g）、舌尖后音（sh、r、ch、zh）和舌面音（j、x、q）成绩显著高于一年级（$t = 2.46$，$p < 0.05$；$t = 3.17$，$p < 0.05$；$t = 2.83$，$p < 0.05$；$t = 2.24$，$p < 0.05$；$t = 2.84$，$p < 0.05$），2 个声母 y、h 成绩显著高于一年级（$t = 2.08$，$p < 0.05$；$t = 2.24$，$p < 0.05$）；韵母、韵母群成绩虽无显著差异（$p > 0.05$），但四年级有 4 个韵母 ian、ie、o、-i（后）成绩显著高于一年级（$t = 2.41$，$p < 0.05$；$t = 2.78$，$p < 0.01$；$t = 2.10$，$p < 0.05$；$t = 2.82$，$p < 0.01$）。这说明对于大部分声母，四年级儿童的感知能力比一年级强，四年级儿童能明显感知并习得声母的读音规律与特点；一、四年级韵母、韵母群的成绩无显著差异，仅在个别单个韵母上有显著差异，说明韵母学习难点贯穿两个年级，即使是四年级学生也很难在较少课时的学习条件下，迅速全面掌握。

3.2 第二次横断测查及两次测查的比较

第二次横断测查根据前测的平均正确率，从中选择了 2 个掌握极差的声母、1 个掌握极差的韵母（zh、c、un，T1 时正确率低于 40%），2 个掌握较差的声母、4 个掌握较差的韵母（q、g、ai、ü、ou、ong，T1 时正确率介于 41% 至 65% 之间），1 个掌握一般的声母、2 个掌握一般的韵母（x、o、an，T1 时正确率介于 66% 至 85% 之间），2 个掌握较好的声母（y、b，T1 时正确率高于 86%），

交叉配对构造 7 个容易出错音节（qun、xu、bo、zhan、gong、you、cai）。结果发现，在前测中，这 7 个易错音节中的声母、韵母成绩在一、四年级分别为 0.57（0.19）、0.47（0.20），0.71（0.16）、0.50（0.16）。在后测中，这 7 个易错音节中的声母、韵母成绩在一、四年级分别为 0.66（0.11）、0.69（0.16），0.80（0.10）、0.78（0.10）。每个具体声母、韵母成绩见表 2。

采用与 T1 相同的成绩判定标准，T2 时，一年级掌握较好的声母、韵母是 b、y、g、an、ong，掌握一般的是 q、o、ou、ai，掌握较差的是 x、q、ü、ün，掌握极差的是 zh、c；四年级掌握较好的声母、韵母是 b、y、x、g、o、ou、ong，掌握一般的是 q、an、ai，掌握较差的是 ü、ün，掌握极差的是 zh、c。两年级间比较，四年级单个声母 x、zh、g 成绩，韵母成绩，单个韵母 o、an、ong、ou 成绩显著高于一年级（$t = 4.31$，$p < 0.001$；$t = 2.22$，$p < 0.05$；$t = 1.00$，$p < 0.05$；$t = 1.78$，$p < 0.05$；$t = 1.65$，$p < 0.001$；$t = 1.91$，$p < 0.01$；$t = 1.46$，$p < 0.01$；$t = 1.58$，$p < 0.001$），两个年级声母成绩无显著差异（$p > 0.05$）。

比较 T1、T2 两次测查成绩，一年级 7 个声母成绩无显著差异（$p > 0.05$），7 个韵母成绩显著进步（$t = 5.94$，$p < 0.001$）；四年级 7 个声母、7 个韵母成绩均显著进步（$t = 2.28$，$p < 0.05$；$t = 7.36$，$p < 0.001$）。一、四年级声母、韵母发展速度无显著差异（$p > 0.05$）。以上结果可说明，不同年级儿童的拼音字母知识均能通过学习《汉语拼音方案》获得发展，且拼音字母知识学习能力无显著差异。

表 2　两个年级被试两次测试中单个声母、韵母平均正确率（标准差）

单个声母、韵母			一年级（T1）	一年级（T2）	四年级（T1）	四年级（T2）
声母	1. 双唇音	b	100（0）	100（0）	100（0）	100（0）
	2. 零声母	y	94（0.12）	100（0）	100（0）	100（0）
	3. 舌面音	x	66（0.35）	53（0.39）	81（0.31）	97（0.13）
		q	39（0.41）	63（0.39）	66（0.38）	75（0.37）
	4. 舌尖音	zh	6（0.34）	13（0.29）	25（0.45）	41（0.42）
		c	13（0.34）	41（0.49）	0（0）	50（0.48）
	5. 舌根音	g	44（0.51）	94（0.25）	75（0.45）	100（0）
韵母	1. 开口呼	an	67（0.22）	91（0.20）	70（0.19）	75（0.26）
		o	63（0.34）	81（0.25）	84（0.24）	94（0.17）
		ou	57（0.27）	66（0.47）	57（0.27）	88（0.29）
		ai	44（0.21）	66（0.30）	45（0.19）	67（0.35）
	2. 撮口呼	ü	47（0.35）	47（0.43）	61（0.35）	63（0.34）
	3. 合口呼	un	31（0.41）	47（0.46）	27（0.40）	59（0.38）
		ong	53（0.50）	88（0.34）	50（0.52）	100（0）

细致查看具体的声母、韵母成绩，发现在 T1 时，一年级掌握极差和较差的声母有 4 个（zh、c、q、g），其中 3 个在 T2 时有显著进步（c、g、q），g 进步两个区间，q、c 进步一个区间；掌握极差和较差的韵母有 6 个（un、ai、ü、ou、o、ong），其中 5 个在 T2 时有显著进步（un、ai、ou、o、ong），ong 进步两个区间，un、ai、ou、o 进步一个区间。四年级掌握极差和较差的声母有 2 个（c、zh），均在 T2 时有显著进步，进步一个区间；掌握极差和较差的韵母有 5 个（un、ai、ou、ü、ong），其中 4 个在 T2 时有显著进步（un、ai、ou、ong），ou、ong 进步两个区间，un、ai 进步一个区间。这说明对于部分难点声母、韵母，经过一定时长系统地学习《汉语拼音方案》，一、四年级儿童在部分难点声母、韵母上均取得了不同程度的进步，有的进步甚至达到两个区间，声母、韵母读音准确性获得提高，学习效果较好，语音面貌有显著提升。但我们也要看到，T2 时，部分声母、韵母（zh、ü）在两个年级均出现顽固性误读，因此应该考虑对同类声母、韵母类型加强练习。

3.3　从语言相似性角度的声母、韵母成绩分析

从上文可知，一、四年级的拼音学习难点较集中地反映在了一些声母、韵母上。语言项目间相似度对语言学习的影响一直是二语语音习得研究中的重要问题。下面从语音对比的角度来分析汉英读音相似度、拼写相似度对拼音成绩

的影响。

在 L2 语音习得研究领域，Flege 对于相似性和相异性的作用进行过长时间的实证研究（Flege，1987；Bohn，Flege，1990，1992；Flege，1993），他把 L2 中的音素分为相同音素（identical phone）、相似音素（similar phone）和陌生音素（new phone）（王韫佳、邓丹，2009）。相同音素是指在 L1 中能够找到声学特征完全相同的对应物的 L2 音素；相似音素是指在 L1 中存在容易识别的对应物的 L2 音素，但 L2 音素与其 L1 对应物在声学上有着一定的差异；陌生音素是指在 L1 中很难找到对应物，并且与 L1 中所有音素的声学差别都较大的 L2 音素。

我们以英文字母和汉语拼音字母发音的国际音标为参考（李佳，2015），同时参照 Flege 的分类方式，将汉语拼音声母、韵母按照与英语辅音、元音的相似度分成 6 组：相同辅音（b、p、d、t、k、f、h、s、m、n、l、y、w），相似辅音（ch、j、sh、r），陌生辅音（g、z、c、zh、q、x），相同元音（an、en、er、ong、i、in、ing、ian），相似元音（a、ang、eng、o、u），陌生元音［ai、ao、ou、e、ei、-i（前）、-i（后）、ia、iao、iang、ie、iong、iu、ua、uai、uo、ui、un、uan、uang、ueng、ü、üe、üan、ün］。根据此方法将两次测试中的声母、韵母进行分组，分组后的成绩见表 3。

表 3　两次测试根据读音相似度分组后的平均正确率（标准差）

分　组		一年级（T1）	一年级（T2）	四年级（T1）	四年级（T2）
辅音	1. 相同辅音	95（0.07）	100（0）	100（0）	100（0）
	2. 相似辅音	78（0.20）	—	93（0.07）	—
	3. 陌生辅音	41（0.19）	53（0.15）	51（0.13）	73（0.13）
元音	1. 相同元音	71（0.21）	89（0.22）	78（0.10）	88（0.13）
	2. 相似元音	64（0.23）	81（0.25）	74（0.17）	94（0.17）
	3. 陌生元音	45（0.16）	57（0.27）	56（0.16）	69（0.17）

从表 3 可知，在辅音方面，一年级相同辅音、陌生辅音的 T2 成绩均显著高于其 T1 成绩；四年级仅有陌生辅音的 T2 成绩显著高于其 T1 成绩。相同辅音在 T1 时，四年级成绩显著高于一年级，在 T2 时，一、四年级成绩无显著差异；陌生辅音在 T1 时，一、四年级成绩无显著差异，在 T2 时，四年级成绩显著高于一年级。在元音方面，一、四年级 T2 的各项元音成绩均显著高于其 T1 成绩；相同元音、相似元音、陌生元音在 T1、T2

时，一、四年级成绩均无明显差异。

由此我们可发现，陌生辅音、陌生元音是儿童学习汉语作为 L2 的难点，其学习方式表现为：一开始掌握不好，但在一定时长的系统学习《汉语拼音方案》后，成绩缓慢上升；四年级儿童对陌生辅音的记忆好于一年级儿童。对相同辅音，儿童较易习得，且在掌握后未出现遗忘现象，四年级儿童在初期掌握快于一年级儿童。

3.4 交叉滞后角度的分析：声母、韵母知识的进步

为了分析一、四年级的声母、韵母成绩在两次测试中的进步情况，我们对 3.2 的数据进行交叉滞后分析。根据交叉滞后建模要求，被试数应是变量数的 5 倍及以上（刘红云、张雷，2005；邱皓政、林碧芳，2009；王孟成，2014）。本研究中被试为 32 名，模型中的变量可以选择 4～6 个。我们根据理论假设建立模型，探测不同声母、韵母中的发展因素。

以撮口呼和舌面音两个变量的 T1、

T2 数据建模（图 1），模型饱和（$RMSEA = 0$，$SRMR = 0$，$CFI = 1$，$TLI = 1$）。我们发现 T1 的舌面音成绩能显著预测 T2 的舌面音成绩（$\beta = 0.643$，$p < 0.001$）、撮口呼成绩（$\beta = 0.546$，$p < 0.001$），T1 的撮口呼成绩对 T2 的撮口呼成绩、舌面音成绩均无显著预测力。结果表明，舌面音成绩的延续性比较好，T1 的舌面音成绩、撮口呼成绩，T2 的舌面音成绩、撮口呼成绩均具有高相关，T1 的舌面音成绩能显著预测 T2 的自回归成绩，且对 T2 的撮口呼成绩有显著预测力。这或许是由于在汉语拼音的拼合表中，舌面音与撮口呼经常一起拼合出现。下文中我们将进行探讨。

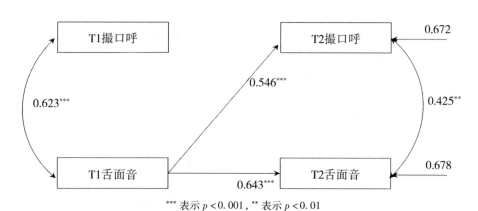

*** 表示 $p < 0.001$，** 表示 $p < 0.01$
图 1　撮口呼成绩与舌面音成绩的交叉滞后模型

3.5 汉语拼音字母知识对汉语口语水平的预测作用

为更好地查看拼音字母知识学习对汉语口语水平的预测作用，以韵母和汉语口语水平两个变量的 T1、T2 数据建模。模型见图 2，模型饱和（$RMSEA = 0$，$SRMR = 0.03$，$CFI = 1$，$TLI = 1.11$）。

我们发现 T1 的韵母成绩能显著预测 T2 的韵母成绩（$\beta = 0.731$，$p < 0.001$）以及 T2 的汉语口语水平成绩（$\beta = 0.430$，$p < 0.05$），T1 的韵母成绩和汉语口语水平显著相关（$\beta = 0.271$，$p < 0.05$）。未发现声母和汉语口语水平存在回归关系。由此可知前测的韵母成绩对后测的汉语口语水平有显著预测作用。

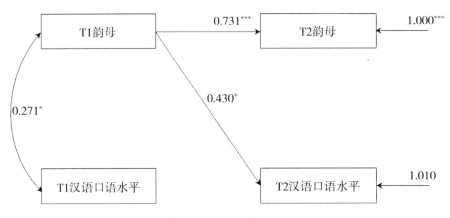

*** 表示 $p < 0.001$，* 表示 $p < 0.05$

图2　韵母成绩与汉语口语水平的交叉滞后模型

4　综合讨论

本研究通过横断加纵向的实验设计，从美国小学儿童汉语拼音朗读正确性中离析出他们所掌握的声母、韵母知识，分析出他们汉语拼音字母知识学习难点，对于实验结果我们进行以下讨论。

4.1　美国儿童汉语拼音声母、韵母学习特点

本研究发现，美国儿童汉语拼音声母成绩好于韵母，这与二语语音学习理论一致。一般来说，声母掌握水平高于韵母，是因为韵母涉及较多的环境变化，儿童学习起来有一定困难，这与《汉语拼音方案》的设计以音位理论为基础有关。《汉语拼音方案》不是严格的音素注音，符号和所代表的音值之间并不是严格意义上的一一对应，当音素之间的差别不区别意义时，就采用一个符号来描写，这也意味着《汉语拼音方案》中的一个符号可能代表不同的发音，一符多音的现象在普通话的韵母中表现得尤

为突出（邓丹，2020）。例如 a、e、i 等在不同音节中发音不一样，因此对学习者造成了一定的干扰。此外，《汉语拼音方案》韵母拼写规则，如 j、q、x、y 后面的 ü 写为 u，iou、uei 写为 iu、ui，也给学习者的韵母学习增加了难度。

4.2　两个年级相似的学习难点

总体来看，一、四年级声母、韵母发展方向、发展速度无显著差异（$p > 0.05$），且两个年级韵母成绩均有显著进步，四年级韵母成绩及部分单个声母、韵母的最终水平（T2）显著高于一年级，声母成绩的最终水平（T2）无显著差异（$p > 0.05$）。这说明不同年级儿童的拼音字母知识均能通过一定时长的《汉语拼音方案》系统学习获得发展，且拼音字母知识学习能力无显著差异。

声母、韵母 c、q、g、e、-i（前）、-i（后）、ui、ou、zh、un、uang、ü、üe 在一、四年级的起始水平（T1 时）正确率均低于 65%。T2 时，部分难点声母、韵母，一、四年级儿童均取得了不同程度的进步，有的甚至达到两个进步区间

（g、ou、ong），说明经一定时长的《汉语拼音方案》系统学习，声母、韵母读音准确性均有提高，学习效果较好。声母 zh、c，韵母 ü、un 在一、四年级的最终水平（T2 时）正确率仍低于65%，且 zh、ü 出现顽固性误读，有趋于僵化的现象，未有显著进步表现，这些声母、韵母较集中地反映在汉语独有的舌尖音、合口呼、撮口呼上，为汉英陌生音素。由此可说明，对于美国儿童来说，汉语拼音中的声母、韵母，与英语辅音、元音相差越远，在初次学习时越难掌握和记忆，且后续学习中的进步也较为缓慢，长时记忆保持不够理想，此学习难点贯穿两个年级。

这能很好地驳斥关于汉语拼音学习的误解之一——汉语拼音很简单，无需专门教学，可以直接让学生认读。汉语拼音的教学其实是一项长期性工作，需要连续进行；如果间隔较长时间，可能需要花费与第一次教学相近的时长，才能获得与第一次教学相近的教学效果。儿童初次学习拼音后，掌握并不稳定，拼音不能较好地留在其长时记忆中。

4.3 声母、韵母知识进步特点

本研究发现，舌面音成绩的延续性比较好，T1 的舌面音成绩、撮口呼成绩，T2 的舌面音成绩、撮口呼成绩均具有高相关，T1 的舌面音成绩能显著预测 T2 的自回归成绩，且对 T2 的撮口呼成绩有显著预测力。舌面音与撮口呼均为学习难点，且二者经常一起拼合出现，因此在进步过程中显示出较强的关联性。这也提醒我们在实际教学中，对于部分难点声母、韵母，可以考虑利用其常拼合组合，进行整体教学，让学生在音节

水平上进行整体记忆，或以难点声母学习带难点韵母学习，以达到相互促进的作用。

4.4 汉语拼音字母知识对汉语口语水平的预测作用

本研究发现，起始水平（T1）的韵母成绩能显著预测三个月后最终水平（T2）的韵母成绩及汉语口语水平成绩，且起始水平（T1）的韵母成绩、汉语口语水平显著相关。未发现声母的独立作用。但当我们以陌生元音成绩为因变量，年级、T1 的声母成绩为自变量进行回归分析，发现回归方差显著，$F_{(2,29)} = 6.82$，$p < 0.01$，$Adjusted\ R^2 = 0.273$，说明这三个变量一共能解释陌生元音成绩27.3%的变异。从半偏相关系数平方可以看出，声母可以显著解释陌生元音成绩26.42%的变异，年级的独立作用不显著。这表明，入门阶段的声母学习，有助于较难韵母成绩的提高，从而使拼音整体面貌得到发展。因此，一、四年级儿童汉语拼音字母知识的学习，是可以促进其汉语口语水平发展的，且汉语拼音学习必须同时包含声母、韵母的系统学习。

5 对教学的启示

本研究发现，虽然在英语环境下，汉语拼音学习看似有诸多便利，但是在实际教学过程中，儿童对于拼音的掌握并不是一蹴而就的；相反，儿童表现出较强的易遗忘特点，在部分拼音上，还表现出初学时难掌握、经复习后仍难掌握的特点。这要求我们：

（1）充分认识到儿童的拼音学习是

一个长期连续系统性的学习过程，在第一轮集中教学之后，仍要在每节课上，根据不同年龄学生学习特点，对拼音进行有针对性的复习。

（2）尽管声母学习较韵母容易，且起始阶段韵母成绩与汉语口语水平显著相关，并对其发展有一定预测作用，但仍不可忽视声母学习的作用。起始阶段的声母学习，有助于较难韵母成绩的提高，从而使学生的拼音整体面貌得到发展。

值得注意的是，本研究的后测中，所选音节较少，未能涵盖齐齿呼、唇齿音、舌尖中音、相似辅音等声母、韵母群，因此在分析汉语拼音学习难点时，可能不够全面，未来还需要进行更完整的实验测查来验证。

参考文献

邓丹.汉语语音研究与对外汉语语音教学［J］.国际汉语教育（中英文），2020（2）.

陈彧.意大利留学生汉语基础元音习得的基础研究［J］.云南师范大学学报（对外汉语教学与研究版），2013（4）.

程亚华，冯瑶，李宜逊，等.小学儿童口语词汇知识的发展轨迹及其对阅读能力的预测：一个潜变量增长模型［J］.心理学报，2023（7）.

李佳.英语环境下小学高年级儿童汉语拼音与英语拼读的易混淆现象研究：以六名小学五年级学生汉语拼音学习为例［D］.北京：北京师范大学，2015.

刘红云，张雷.追踪数据分析方法及其应用［M］.北京：教育科学出版社，2005.

刘璟之，徐彩华，张金桥，等.汉语拼音学习对美国小学儿童英语语音意识的影响［J］.华文教学与研究，2020（4）.

龙藜.意大利汉语学习者语音偏误分析［J］.世界汉语教学学会通讯，2012（2）.

邱皓政，林碧芳.结构方程模型的原理与应用［M］.北京：中国轻工业出版社，2009.

王孟成.潜变量建模与 Mplus 应用：基础篇［M］.重庆：重庆大学出版社，2014.

王韫佳，邓丹.日本学习者对汉语普通话"相似元音"和"陌生元音"的习得［J］.世界汉语教学，2009（2）.

肖莉.墨西哥学生汉语拼音习得的难点分析［J］.语言文字应用，2005（S1）.

徐彩华，刘璟之.略论汉语拼音与海外儿童汉语教学［J］.云南师范大学学报（对外汉语教学与研究版），2016（5）.

徐彩华，肖慧敏.海外少儿汉语拼音水平测量：从词典任务到拼写任务［J］.贵州师范大学学报（社会科学版），2023（2）.

闫梦格，李虹，李宜逊，等.识字量和词汇知识在儿童阅读发展中的相对重要性［J］.心理发展与教育，2020（3）.

袁旻星.母语背景对汉语声调习得的影响［D］.上海：上海外国语大学，2012.

BOHN O S, FLEGE J E. Interlingual identification and the role of foreign language experience in L2 vowel perception［J］. Applied psycholinguistics, 1990, 11（3）.

BOHN O S, FLEGE J E. The production of new and similar vowels by adult German learners of English［J］. Studies in second language acquisition, 1992, 14（2）.

COMMISSAIRE E, LYNNE G, DUNCAN L G, et al. Cross-language transfer of orthographic processing skills: A study of French children who learn English at school［J］. Journal of research in reading, 2011, 34（1）.

FLEGE J E. The production of "new" and "similar" phones in a foreign language：Evidence for the effect of equivalence classification ［J］. Journal of phonetics，1987，15（1）.

FLEGE J E. Production and perception of a novel second-language phonetic contrast ［J］. Journal of the acoustical society of America，1993，93（3）.

GEVA E，SIEGE L S. Orthographic and cognitive factors in the concurrent development of basic reading skills in two languages ［J］. Reading and writing，2000，12（1）.

JARED D，ASHBY J，AGAUAS S，et al. A. Phonological activation of word meanings in Grade 5 readers ［J］. Journal of experimental psychology：Learning，memory，and cognition，2016，42（4）.

KENNER C，KRESS G，ALKHATIB H，et al. Finding the keys to biliteracy：How young children interpret different writing systems ［J］. Language and education，2004，18（2）.

PERFETTI C A. Reading ability：Lexical quality to comprehension ［J］. Scientific studies of reading，2007，11（4）.

ROLSTAD K，MACSWAN J. The facilitation effect and language thresholds ［J］. Frontiers in psychology，2014，5.

刘璟之，北京师范大学国际中文教育学院，100875
liujingzhi@ nua. edu. cn
徐彩华，南京艺术学院国际教育学院，210013
xchua@ bnu. edu. cn

泰国汉语学习者汉语前后鼻音韵母的感知研究[①]

张　凌　石　柳

摘　要：本文对泰国汉语学习者汉语的前后鼻音韵母感知进行研究，以三对整齐对应的汉语前后鼻音韵母 an 和 ang、en 和 eng、in 和 ing 为例，设计了感知实验。实验主要考察目标字韵尾、目标字韵腹、目标字位置、相邻字韵母、语境等因素对听辨感知的影响。除了汉语作为第二语言的泰国学习者（实验组），我们也邀请了汉语为母语的参加者进行感知实验（对照组）。实验结果显示，目标字韵腹是影响前后鼻音韵尾感知的关键因素，泰国汉语学习者呈现出与母语者不同的格局。

关键词：泰国汉语学习者；前后鼻音；韵尾；感知

1　引　言

　　泰国的汉语学习者在语音习得上的常见难点和偏误类型，过往已有不少研究，如蒋嫦娥（1993）、李红印（1995）、蒋印莲（1997）、蔡整莹和曹文（2002）等。这些研究指出泰国汉语学习者较容易在以下的语音点出现偏误：汉语声母的舌面音、平翘舌音、二合复韵母、三合复韵母等。关于泰国学习者的汉语鼻音韵母方面的研究很少（冯海丹，2022），但从我们在实际教学中的初步观察来看，泰国学习者在分辨前鼻音韵尾 ［n］ 和后鼻音韵尾 ［ŋ］ 的时候，还是存在一些问题。本文拟设计严格控制各项干扰因素的感知实验，对泰国汉语学习者前后鼻音韵母的感知进行研究。

　　近年来，感知层面的研究在第二语言习得研究学界愈来愈受关注。本文的实验研究也正是这方面的新尝试，实验数据结果也可用于验证过往的一些经典理论模型，如 Best（1995）提出的感知同化模型（perceptual assimilation model，PAM）。PAM 认为第二语言的成年学习者在感知辨别第二语言的语音时，会受到自己母语语音的影响，母语语音会对二语语音感知产生同化作用。在研究二语学习者的语音习得时，可对比母语语音与第二语言语音，根据两者的异同，推断二语学习者的感知和学习难点。

①　本研究得到教育部中外语言交流合作中心 2023 国际中文教学实践创新项目"基于数字语音技术的感知与产出教学模式探索"（YHJXCX23 - 048）资助，特此鸣谢。

因此，我们研究泰国汉语学习者的语音习得，首先应了解泰语和汉语的音系对比，尤其是鼻音韵尾方面的异同。在泰语里，存在三种鼻音韵尾：双唇鼻音韵尾 /m/、齿龈鼻音韵尾 /n/ 和软腭鼻音韵尾 /ŋ/，这三种鼻音韵尾能和泰语中的多种长、短元音韵腹搭配，组成鼻音韵母（Potisuk，2010；蔡荣男，2007；Beddor，Krakow，1999）。在汉语里，鼻音韵母有两种类型的韵尾：齿龈鼻音韵尾 /n/（即前鼻音韵尾 n）和软腭鼻音韵尾 /ŋ/（即后鼻音韵尾 ng）。根据泰语、汉语音系中的鼻音韵尾分布，泰语中的鼻音韵尾类型有三种，而且也包含了汉语中的两种鼻音韵尾类型 /n/ 和 /ŋ/，似乎可以推断泰国学生的汉语鼻音韵母语音习得应该是较容易的，先前的语音产出研究也证实了泰国学习者的汉语鼻音韵母的语音产出较容易（曹青，2013；何霜，2011；Sorranakom，2020）。这与我们此前所说的，即在实际教学中观察到的泰国留学生感知分辨前后鼻音韵尾存在一定困难，似乎相互矛盾。语音的产出和感知是两个相对独立而又相互联系的范畴，泰国学习者的汉语鼻音韵母在感知范畴的表现如何，过往似乎未见实证研究，本文将在这方面做一些尝试，并将根据感知研究的结果，探讨感知与产出是否一致，以及两者之间的关系如何。

2 研究方法与过程

2.1 语言材料设计

本文的语音标示如下：若用国际音标，则沿用国际惯例，在标示音素时使用"［ ］"，标示音位时使用"／ ／"；若用汉语拼音，则不用任何的括号或斜杠。

在本文的感知实验中，我们拟使用识别实验（identification task）的方法，考察泰国汉语学习者能否根据听到的汉语语音材料，识别出听到的语音是带有前鼻音韵尾-n 还是带有后鼻音韵尾-ng。在汉语普通话的鼻音韵母中，存在多种介音、韵腹和韵尾组合的可能性。本文只选取能整齐配对-n 和-ng 韵尾的鼻音韵母，即只区别-n 和-ng 的最小语音配对（minimal pairs），以便进行实验设计。因此，本文实验选用 an 和 ang、en 和 eng、in 和 ing 这三对整齐对应的鼻音韵母，作为听辨的目标鼻音韵母，而暂不涉及其它鼻音韵母（如 ong 等）。另外，在设计本文感知实验用到的语言材料时，我们希望能够避免词频效应（高频词的感知速度快，低频词的感知速度慢），因此使用双音节假词的设计，如表 1 所示。

表 1　感知汉语前后鼻音韵母的实验材料（36 个假词）

目标字	韵母	目标字在前音节			目标字在后音节		
		相邻 i 韵	相邻 u 韵	相邻 ɑ 韵	相邻 i 韵	相邻 u 韵	相邻 ɑ 韵
嫔	in	嫔梯	嫔凸	嫔榻	梯嫔	凸嫔	榻嫔
坪	ing	坪梯	坪凸	坪榻	梯坪	凸坪	榻坪
蟠	an	蟠梯	蟠凸	蟠榻	梯蟠	凸蟠	榻蟠
螃	ang	螃梯	螃凸	螃榻	梯螃	凸螃	榻螃
盆	en	盆梯	盆凸	盆榻	梯盆	凸盆	榻盆
鹏	eng	鹏梯	鹏凸	鹏榻	梯鹏	凸鹏	榻鹏

本文感知实验的语料设计还考虑了其它多项因素，一方面希望细化考量不同的因素，以探究哪个或哪些语音条件会对前后鼻音韵尾的感知具有重要影响；另一方面则严格控制语言材料，以避免不必要的干扰因素。目标字鼻音韵母的韵尾类型是实验关注的焦点，我们希望能通过实验数据，检验/-n/韵尾会否更容易被听为/-ŋ/韵尾，或者/-ŋ/韵尾会否更容易被听为/-n/韵尾，还是两者没有倾向性，韵尾类型不影响听辨感知的结果。以下是我们希望考察的其它四项语音条件：

第一，目标字鼻音韵母的韵腹类型。根据过往的研究，不同的韵腹元音可能会对鼻音韵母感知有影响（曹冲、张劲松，2019），本文的感知实验也会对这一因素进行考察。本文实验的三组目标鼻音韵母中，有三种不同的韵腹类型：an 和 ang 的韵腹为/-a-/，en 和 eng 的韵腹为/-ə-/，in 和 ing 的韵腹为/-i-/。我们可通过实验探讨/-a-/、/-ə-/、/-i-/这三类韵腹在前后鼻音听辨感知的格局上是否有区别。

第二，目标字在双音节假词中的位置。在本文的实验设计中，包含鼻音韵母的目标字会分别位于双音节假词的前音节或后音节，以观察目标字所处的前后位置会否对听辨感知带来影响。

第三，相邻字的韵腹类型。过往研究显示，目标字容易受到相邻韵母协同发音的影响，不易受到非目标字声母、声调的影响（郭振生，1986）。因而除了目标字的韵腹，我们也希望考察相邻音节的韵腹会否对听辨感知带来影响：相邻音节会分别配以/-i/、/-u/、/-a/三种单元音韵母，以观察不同类型的相邻音

节韵腹会否影响目标字鼻音韵母的感知。

第四，语境类型。本文实验中的语境类型有两种，一种是双音节词本身，一种是把双音节词置于承载句"这张是＿＿＿＿＿的图画。"中。我们可以考察在词中还是在句子中的听辨感知效果更好。

至于我们严格控制的因素，则包含以下四项：

第一，目标字采用相同的声母。再考虑到声韵配合的可能性、排除多音字等多项因素，我们在这个实验里统一使用了 p 声母字作为目标字。

第二，目标字采用相同的声调。在此我们统一使用了汉语普通话里的第二声，再综合第一项控制因素和第一、第二项语音条件，我们的目标字定为嫔、坪、蟠、螃、盆、鹏。

第三，相邻音节的声母我们也做了限制，都统一使用了 t 声母。

第四，相邻音节的声调，我们则统一使用汉语普通话里的第一声，再综合第三项控制因素和第四项语音条件，我们的相邻音节定为梯、凸、榻。

根据上述语音条件和控制因素，我们设计感知实验的双音节假词如表 1 所列。此外，我们还把表 1 中的 36 个假词嵌入承载句"这张是＿＿＿＿＿的图画。"中，作为听辨感知句子的语言材料。我们邀请了一名汉语为母语、普通话水平测试成绩为一级乙等（播音员水平）的发音人录制语音材料。发音人口齿清晰，采用适中语速朗读 36 个假词以及 36 个句子。在完成语音材料的录制后，还需要完成剪切音段、插入空白帧的工作。经多次测试，间隔 3 秒的空白帧是最适合泰国汉语学习者的。所以感

知测试时，被试将有 3 秒的反应作答时间。文字材料则录入 google form、问卷星，并设置正确答案选项与干扰答案选项。每题的干扰项都有三个，其中一个是与正确选项同组的最小语音配对，另外两个则从另外两组的鼻音韵母中随机选出。正确选项与干扰项的先后顺序随机排列。另外，为确保每一位被试的语言情况符合要求，实验的第一部分详细收集被试的个人信息，包括母语背景、第二语言背景等基本情况（Li, *et al.*, 2006）。实验的第二部分全部设置为必答题，题型为单项选择题。

2.2 研究对象

我们邀请了 20 名泰国汉语学习者作为实验组成员参与实验。她们皆为女生，年龄分布区间在 20 ～ 28 岁，母语是泰语，第二语言为汉语，HSK 成绩为中高级水平（四至六级），在中国学习汉语的时间 1 ～ 3 年不等。汉语母语学生作为对照组成员参与实验，性别、年龄分布区间与实验组保持一致，她们都是播音主持专业的学生，参加过普通话水平测试，且普通话水平测试成绩为一级乙等或以上。

2.3 实验过程

运用计算机技术开展远程实验是未来科学研究的发展趋势（沈翔等，2021）。泰国汉语学习者汉语前后鼻音韵母的感知实验也使用电脑和网络远程进行。实验开始之前，我们将编辑好的实验说明发送给实验组、对照组的每一位被试。实验开始前，每位被试需要先根据实验说明中的链接下载录音材料、打

开问卷链接（问卷星）；测试过程中，两组被试需要先完成实验的第一部分（语言背景调查），才能开始做第二部分（前后鼻音的感知测试）。实验过程中，两组被试必须严格按照实验说明中的要求进行，一边听录音一边在问卷星填写选择，录音要求以正常速度播放、顺序播放，不可回放、不可重复播放、不可跳题。

2.4 数据分析

感知听辨实验中的每一题都有一个正确项，三个干扰项。如果选择正确项记 1 分，选择其他干扰项则记 0 分。与此同时，我们也分别量化了被试组别、目标字韵腹、目标字韵尾、目标字位置、相邻音节韵母、语境类型等几项因素，重点考察上述几项因素是否会影响鼻音韵母的感知正确率。除了均值、标准差等数值，我们还会结合进一步的统计检验分析，如单因素方差分析（one-way ANOVA）和一般线性模型（general linear regression）中的单变量分析（univariate analysis）等方法，分析这些语音条件是否对感知结果有显著影响。

3 实验结果

整体而言，在听辨感知汉语前后鼻音韵尾时，泰国学习者的听辨感知正确率（83.9%）略逊于汉语母语学生（88.4%）。我们再细化分析此前设计实验时的各项语音条件，比较泰国学习者和汉语母语者在感知汉语前后鼻音韵母时的异同。

首先是目标字韵尾类型（/-n/ 和 /-ŋ/）的数据，如表 2 所列。从表 2 可

见，无论是泰国学习者还是汉语母语者，/-n/和/-ŋ/的整体平均正确率都接近，单因素方差分析的结果 p 值均大于 0.05，说明/-n/和/-ŋ/的正确率没有显著差异，即韵尾类型不影响听辨感知的结果。

表 2　目标字韵尾类型的均值、标准差和单因素方差分析

语音条件		泰国学习者		汉语母语者	
		平均值 ± 标准差	单因素方差分析结果	平均值 ± 标准差	单因素方差分析结果
目标字韵尾	韵尾为/-n/	0.83 ± 0.11	$F = 0.989$,	0.87 ± 0.13	$F = 0.463$,
	韵尾为/-ŋ/	0.85 ± 0.08	$p = 0.323$	0.89 ± 0.13	$p = 0.499$

其次是各项语音条件的影响。如表 3 所列，我们分别列出不同的目标字韵腹（/-a-/、/-ə-/、/-i-/）、目标字位置（在前、在后）、相邻字韵腹（/-i/、/-u/、/-a/）和语境（词中、句中）的平均值和标准差，并分别进行单因素方差分析，列出相应的 F 值及 p 值。从表 3 中的各项数值来看，只有在目标字韵腹的因素方面，泰国学习者（$p = 0.001$）和汉语母语者（$p < 0.001$）都分别显示出统计学意义上的显著差异。汉语母语者在目标位置因素方面也呈现边缘性显著（$p = 0.05$），但这一因素在泰国学习者的数据中并不显著，我们暂不做进一步细究。我们使用一般线性模型中的单变量分析对被试组别和目标字韵腹进行分析，如表 4 所列。

表 3　各项语音条件下的均值、标准差和单因素方差分析

语音条件		泰国学习者		汉语母语者	
		平均值 ± 标准差	单因素方差分析结果	平均值 ± 标准差	单因素方差分析结果
目标字韵腹	韵腹为/-a-/	0.79 ± 0.09	$F = 8.087$, $p = 0.001$ ***	0.89 ± 0.14	$F = 10.038$, $p < 0.001$ ***
	韵腹为/-ə-/	0.89 ± 0.07		0.95 ± 0.05	
	韵腹为/-i-/	0.83 ± 0.09		0.8 ± 0.13	
目标字位置	目标字在前	0.85 ± 0.10	$F = 0.533$, $p = 0.468$	0.86 ± 0.14	$F = 3.994$, $p = 0.050$
	目标字在后	0.83 ± 0.09		0.91 ± 0.11	
相邻字韵腹	相邻 ɑ 韵	0.83 ± 0.08	$F = 0.632$, $p = 0.534$	0.88 ± 0.14	$F = 1.285$, $p = 0.283$
	相邻 i 韵	0.84 ± 0.13		0.86 ± 0.14	
	相邻 u 韵	0.85 ± 0.06		0.91 ± 0.09	
语境	词中	0.84 ± 0.10	$F = 0.245$, $p = 0.622$	0.87 ± 0.15	$F = 1.398$, $p = 0.241$
	句中	0.83 ± 0.09		0.90 ± 0.09	

说明：表 3 至表 5 中，*** 表示 $p < 0.001$，** 表示 $p < 0.01$，* 表示 $p < 0.05$。

表4　被试组别和目标字韵腹的单变量分析结果

变量分析		Ⅲ类平方和	df	均方	F	p
单变量	截距	106.901	1	106.901	10553.481	< 0.001 ***
	被试组别	0.074	1	0.074	7.293	0.009 **
	目标字韵腹	0.267	2	0.134	13.197	< 0.001 ***
交互作用	韵腹：组别	0.110	2	0.055	5.417	0.005 **

从表4的数据可见，被试组别、目标字韵腹以及这两个因素的交互作用都在统计学意义上达到显著水平（$p < 0.05$）。我们也画出泰国学习者、汉语母语者听辨感知不同目标字韵腹的正确率和标准差（图1）。我们还对两组被试的各组鼻音韵母听辨正确率进行了单因素方差分析，结果显示：an 和 ang 的听辨（$F = 8.806$，$p = 0.005$）以及 en 和 eng 的听辨（$F = 11.067$，$p = 0.002$），两组被试均有显著差异，在图1中用"**"标示；in 和 ing 的听辨（$F = 0.803$，$p = 0.375$），两组被试则无显著差异。

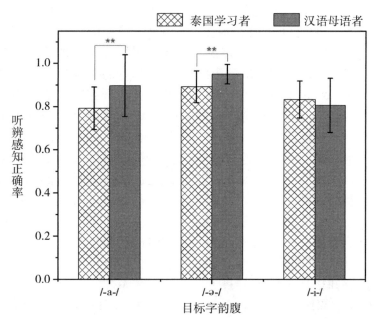

图1　泰国学习者、汉语母语者听辨感知不同目标字韵腹的正确率和标准差

另外，我们也分别对这两组被试的不同目标字韵腹类别进行了事后多重比较分析（post hoc），采用了 LSD 检验，结果如表5所列。

表5　事后多重比较分析（LSD 检验）结果

目标字韵腹	泰国学习者	汉语母语者
/-a-/ 和 /-ə-/ 比较	$p < 0.001$ ***	$p = 0.110$
/-a-/ 和 /-i-/ 比较	$p = 0.1$	$p = 0.006$ **
/-ə-/ 和 /-i-/ 比较	$p = 0.022$ *	$p < 0.001$ ***

综合图 1 和表 5，我们具体分析泰国学习者和汉语母语者在听辨感知不同目标字韵腹类别时的异同。实验组泰国学习者和对照组汉语母语者的共性是在韵腹/-ə-/的情况下（即 en 和 eng）前后鼻音的分辨正确率最高。但两组被试在/-a-/（即 an 和 ang）和/-i-/（即 in 和 ing）这两组前后鼻音韵母的区分格局上，存在较大差异。在 an 和 ang 的区分上，汉语母语者的听辨感知正确率还是明显比泰国学习者要高。有趣的是，在 in 和 ing 的区分上，泰国学习者的正确率接近汉语母语者，甚至平均值略高。/-a-/、/-ə-/、/-i-/三组比较，泰国学习者听辨得最好的/-ə-/组明显比另外两组/-a-/ 和 /-i-/ 要好（p 值均小于 0.05），而/-a-/和/-i-/组之间差别不显著（p = 0.1）；汉语母语者听辨得最差的/-i-/组明显比另外两组/-a-/和/-ə-/组要差（p 值均小于 0.05），而/-a-/和/-ə-/组之间的差别不显著（p = 0.110）。

4 讨 论

通过上述控制严谨的汉语鼻音韵母的听辨感知实验，我们既可以从汉语鼻音韵母的感知影响因素进行语言本体特征的探讨，也可以从泰国汉语学习者和汉语母语者听辨感知格局上的差异展开二语语音感知模型的探讨。

首先是语言本体特征的探讨。汉语鼻音韵母的前后韵尾/-n/和/-ŋ/的听辨感知，很有趣的是其听辨感知的正确率并不直接由韵尾类型来决定——从数据来看，/-n/尾和/-ŋ/尾的听辨感知正确率相若；但前面的韵腹却对韵尾的听辨感知有决定性作用。其它的因素，如目标字位置（在前、在后）、相邻字韵腹（/-i/、/-u/、/-a/）和语境（词中、句中）等都没有显著的影响。本文实验结果揭示的韵腹在判断前后鼻音韵母具有重要意义，与前人的研究结果一致（Li，2008；王祖燕、罗熙靖、张劲松，2015；张劲松、王祖燕，2017）。林茂灿和颜景助（1994）考察了汉语鼻音韵母的协同发音，实验结果显示鼻音韵尾的发音时长会受到鼻元音顺同化作用的影响。Mou（2006）、Li（2008）等人证实了汉语鼻音韵腹 a 的位置并非固定，而是会跟随鼻音韵尾的属性前后移动，位于前鼻音韵尾［n］之前的韵腹是发音部位靠前的［a］，而位于后鼻音韵尾［ŋ］之前的韵腹是发音部位靠后的［ɑ］。张劲松、王祖燕（2017）通过实验证实汉语鼻音韵母的韵腹可以提供分辨前后鼻音韵尾发音位置的线索，鼻音韵尾只为判断鼻音韵母提供发音方式的线索。这些过往的研究都从协同发音的角度证实了汉语鼻音韵尾会受到前面韵腹协同发音的影响。从本文的听辨感知实验可知，无论是汉语作为第二语言的泰国学习者，还是汉语作为母语的学生，在听辨感知汉语鼻音韵母时都会因为韵腹的类型不同而有明显不同的判别结果，可见鼻音韵母的韵腹可为判别鼻音韵尾发音部位前后提供听辨感知的线索。

从本文的研究可以进一步细化推断，汉语中 an 和 ang、en 和 eng、in 和 ing 这三组前后鼻音韵母的区分，en 和 eng 相对来说是最容易的，另外两组鼻音韵母在两组被试当中的听辨感知正确率都稍低。有趣的是，an 和 ang、in 和 ing 的韵腹差别其实都比 en 和 eng 的韵腹差别要大。如前所述，前人的研究（Mou，2006；Li，2008）揭示 an 和 ang 有明显的韵腹差异，an 韵腹为前［a］而 ang

韵腹为后［ɑ］；覃凤余、褚俊海（2007）的研究表明 ing 的发音过程为发完［i］之后舌头后移并降低，实际音值为复合的［iə］而非单独的［i］。也就是说，/a/和/i/这两个韵腹音位反而会因后面鼻音韵尾不同而有不同的条件音位变体，如下所示：

/a/：［a］/_n；
　　　［ɑ］/_ŋ
/i/：［i］/_n
　　　［iə］/_ŋ

从能够找到的文献来看，似乎没有过往的研究提及 en 和 eng 在韵腹上的区别。从我们的语感来看，en 和 eng 韵腹之间的差别没有［a］和［ɑ］，或者［i］和［iə］那么大；在鼻音韵母整体的听辨感知中，en 和 eng 的听辨区分效果反而是最好的。我们推断，在这里并非单纯的韵腹或者单纯的韵尾会对鼻音韵母感知起决定作用，而是韵腹和韵尾之间的音渡（transition）。从元音的性质来说，/a/是低元音，/i/是高元音，而/ə/是中元音。元音的不同开口度是否影响到与后面的鼻音韵尾/n/和/ŋ/的音渡，中元音/ə/后的音渡是否更容易凸显前后鼻音发音位置，都是值得我们进一步探讨的问题。

其次是关于二语语音感知模型的探讨。如前所述，二语学习者的感知同化模型 PAM 是在二语语音感知研究中的经典理论模型。这一模型指出，二语者倾向于根据母语的语言经验，把二语语音的感知结果同化到与其发音相似的母语语音范畴中去（陈莹，2013）。如前所述，泰语中的鼻音韵尾类型有/m/、/n/和/ŋ/三种，而汉语普通话中的鼻音韵尾类型只有/n/和/ŋ/两种。根据 PAM，泰国的汉语学习者应该能把其在母语泰语中对/n/和/ŋ/韵尾的语音感知区分，同化到其对二语汉语/n/和/ŋ/韵尾的区分上。而从本文实验数据可知，泰国学习者的正确率整体还是略逊于汉语母语者，尤其在 an 和 ang 的区分上，平均正确率不足 80%，可见还是存在一定的听辨感知难度。另外，以被试组别为因素，分辨正确率为因变量的单因素方差分析揭示，en 和 eng、an 和 ang 的分辨，泰国学习者显著差于汉语母语者。因此，从本文的感知实验可见，PAM 还需要进一步修正和补充：即便母语和目的语存在相同的音素对比（如/n/和/ŋ/），也不代表在目标语的这组音素对比一定能完全被第二语言学习者正确感知。如本文揭示的泰国学习者未能完全听辨区分汉语中的 an 和 ang、en 和 eng，这一现象还需要再进一步探讨其成因。

从本文感知实验结果以及上述语言本体特征的探讨，可知鼻音韵母的韵腹可为鼻音韵尾发音部位的前后提供听辨感知的线索。我们也再细化考察泰语和汉语普通话的韵腹特征。泰语中存在长短元音，长短元音韵腹［a］和［a：］、［ə］和［ə：］、［i］和［i：］可以和三种鼻音韵尾［n］、［ŋ］、［m］组合成泰语鼻音韵母（Potisuk，2010）。汉语普通话中不存在长短元音，但韵腹和韵尾在发音位置前后维度上的协同效应较强，所以都是［a］与［n］前前相合，［ɑ］和［ŋ］后后相合。因此，从鼻音韵母的韵腹元音性质来看，泰语可能更注重元音时长维度的区别，汉语则侧重元音前后维度的区别，在感知关键的音渡线索上可能也略有不同。这一推断也有待日后通过更深入的研究去证实，也有可能在更细化的音渡区别线索中，能找到泰国学习者较难分辨 an 和 ang、en 和

eng 的原因，再考察细节上的异同能否支持 PAM 的理论模型。

5 结论与启示

本文对泰国汉语学习者汉语的前后鼻音韵母感知进行了研究。实验结果表明，在各项语音条件中，只有目标字韵腹类型对判别前后鼻音韵尾有显著的影响，这一点对于泰国学习者和汉语母语者皆适用。虽然泰语里也有鼻音韵母并存在 /n/ 和 /ŋ/ 韵尾的区别，但泰语学习者整体的听辨感知结果，尤其是 an 和 ang 的听辨区分，表现还是差于汉语母语者。而在不同的韵腹类别上，泰国汉语学习者则与汉语母语者呈现同中有异的格局：en 和 eng 感知的正确率都最高；泰国学习者分辨 in/ing 要比分辨 an/ang 更好；汉语母语者相反，分辨 an/ang 要比分辨 in/ing 更好。

本文的听辨感知实验，一方面深化了对汉语语言本体特征的认识，即揭示了韵腹线索对鼻音韵母感知的重要性；另一方面，也对二语语音感知模型 PAM 进行反思和细化，即使泰语音系里有/n/和/ŋ/韵尾的鼻音韵母，泰国汉语学习者对汉语前后鼻音韵母的感知（尤其是 an 和 ang 的感知）还是有一定难度。因此，我们在汉语作为第二语言的语音教学中，不能因为二语学生的母语里也有某个音素或者某组语音区别，就不再理会其在汉语学习中的练习。另外，泰语学生在分辨汉语 an 和 ang 时的难点，可能和泰语及汉语的韵腹韵尾音渡性质不同有关。若以 PAM 理论模型为框架展开分析，还需要融入具体的感知细节线索综合讨论，而不仅仅分析是否存在某种音素或某种语音对立。这也促使我们在以后的二语语音感知研究中更深入、更细化。

参考文献

曹冲，张劲松.鼻韵母元音对汉语普通话鼻韵母感知的影响［J］.语言教学与研究，2019（3）.

曹青.从汉泰语言语音系统对比看泰国学生汉语语音习得偏误［D］.西安：西安外国语大学，2013.

蔡荣男.泰语元音格局分析［J］.南开语言学刊，2007（1）.

蔡整莹，曹文.泰国学生汉语语音偏误分析［J］.世界汉语教学，2002（2）.

陈莹.第二语言语音感知研究的理论基础和教学意义［J］.外国语，2013（3）.

冯海丹.近 25 年来泰国留学生汉语语音教学研究述评［J］.红河学院学报，2022（5）.

郭振生.汉语历史音变过程中的同化现象［J］.河南大学学报（社会科学版），1986（5）.

何霜.泰国学生习得汉语复元音韵母的偏误分析［J］.百色学院学报，2011（4）.

蒋嫦娥.浅谈泰国学生学习汉语语音的难点［C］//武柏索.古今中国面面观.北京：北京语言学院出版社，1993.

蒋印莲.泰国人学习汉语普通话语音难点辨析［C］//《第五届国际汉语教学讨论会论文选》编辑委员会.第五届国际汉语教学讨论会论文选.北京：北京大学出版社，1997.

李红印.泰国学生汉语学习的语音偏误［J］.世界汉语教学，1995（2）.

林茂灿，颜景助.普通话带鼻尾零声母音节中的协同发音［J］.应用声学，1994（2）.

覃凤余，褚俊海.普通话韵母 ing 的音值［J］.暨南大学华文学院学报，2007（1）.

沈翔，周明华，王永楠，等.远程教育实验教学方法探索与实践［J］.实验室研究探索，2021（3）.

王祖燕，罗熙靖，张劲松.普通话及日语含鼻音尾音节的时长研究［C］//中国中文信息学会语音信息专业委员会.第十三届全国人机语音通讯学术会议论文集.北京：中国中文信息学会语音信息专业委员会，2015.

张劲松，王祖燕.元音部分对中日被试汉语普通话鼻韵母知觉的影响 [J]. 清华大学学报（自然科学版），2017（2）.

BEDDOR P S, KRAKOW R A. Perception of coarticulatory nasalization by speakers of English and Thai：Evidence for partial compensation [J]. The journal of the Acoustical Society of America, 1999, 106 (5).

BEST C T. A direct realist perspective on cross-language speech perception [C] //STRANGE W. Speech perception and linguistic experience：Theoretical and methodological issues in cross-language speech research. Timonium, MD：York Press, 1995：167 – 200.

LI P, SEPANSKI S, ZHAO X W. Language history questionnaire：A web-based interface for bilingual research [J]. Behavior research methods, 2006, 38 (2).

LI Y. An acoustically based contrastive study of L1 and L2 nasal coda production [C] //The 2008 Annual Conference of the Canadian Linguistic Association, Vancouver, Canada, 2008：462 – 476.

MOU X. Nasal codas in standard Chinese：A study in the framework of the distinctive feature theory [D]. Cambridge, MA：Harvard-MIT Health Sciences and Technology, 2006.

POTISUK S. Acoustic description of successive non-identical nasal sounds for automatic segmentation of continuous Thai speech [C]. The ASSTA Conference, Melbourne, Australia, 2010：193 – 196.

SORRANAKOM M. An analysis of the errors in the acquisition of Chinese vowels by Thai University students and teaching strategy [D]. Shanghai：East China Normal University, 2020.

张凌，香港教育大学，999077

zhangl@ eduhk. hk

石柳，华北水利水电大学，450045

shiliu910803@ 126. com

汉语二语者同素单双音词语混淆的分布特征及其生成机制

付冬冬　于　洋

摘　要： 同素单双音词语混淆的分布特征为：共通性强，双向误用占绝对优势；词语的语义关系均较近。同素单双音动词多发生语体搭配误用，名词多发生韵律搭配误用和语体搭配误用，形容词多发生语义混用。一语标义词位的调节作用，以及汉语二语者心理词库中缺少词语的韵律信息和语体信息，是造成同素单双音词语混淆的主要原因。词语的语义混淆很难克服，韵律混淆和语体混淆则更难克服。

关键词： 词汇偏误；易混淆词；同素；单双音节；汉语二语者

1　引　言

在现代汉语中，同素同/近义单双音词是较为特殊的词语类聚，相关研究成果丰富（程娟、许晓华，2004；刘智伟，2005；季瑾，2005；吴颖，2009；骆健飞，2017；等）。整体上看，已有研究多从汉语本体角度进行，以汉语二语者词语偏误为研究基点的文章则较少。如刘春梅（2007）从中介语视角归纳了同素同义单双音名词的偏误类型及其成因，于洋（2015）则探讨了二语者同素单双音名词的混淆特征及其成因。从词语偏误到聚焦词语混淆现象，基于中介语的词汇研究进一步细化和深入。然而，以往研究还有不足：①针对汉语二语者的单双音名词的考察较丰富，而缺少对同素单双音形容词、动词习得情况的观察，也就难以发现汉语二语者不同类型的词语混淆特征和规律；②缺少对不同学习群体同素单双音词语使用真实情况的横向对比，因此，哪些混淆现象具有共性特征，哪些混淆现象是学习者的个性特征就无从判定；③以往对汉语二语者词语混淆成因分析多从语言层面开展，而汉语二语者心理层面的深层因素却少有探讨。不同群体的汉语二语者同素单双音词语混淆特征表现有无差异？汉语二语者词语混淆现象心理层面的生成机制是什么？不同类型的同素单双音易混淆词有无难度等级？这些问题，只有在对不同母语背景的汉语二语学习者的词语混淆分布状况进行全面调查和对比分析的基础上才能弄清。鉴于此，本文将基于北京语言大学 HSK 动态作文语料库、汉语中介语语料库系统以及"不同母语背景的汉语学习者词语混淆分布特征及其成因研究"项目组①（以下简称"项目组"）采集的汉语中介语语料，对比分析日语、韩语、英语背景汉语二语者同素"单音词—并列式双音复合词"（以下简称"同素单双音词语"）混淆的分布特征，尝试探析汉语二语者词语混淆的深层心理机制，并探明不同类型词语混淆的克服难度。

2 同素单双音易混淆词的确定及其整体混用情况

同素单双音词语的选取源于"不同母语背景的汉语学习者词语混淆分布特征及其成因研究"项目组的准易混淆词词表②。首先，从词表的 1264 组词条中筛选出共有相同语素的"单音词—并列式双音复合词"③ 114 组。然后，在中介语语料库中对这些词目进行逐一检索，提取全部语例，删除无关用例并进行人工判定④。之后，采用张博（2013）提出的兼顾混用绝对频次和相对频度的综合方法⑤，对各组词语的混淆程度进行排序。"绝对频次"指在同一语料库中相关词语因彼此不当替代而误用的次数，该数据用于跟其他词语的混用次数进行横向比较；相对频度指在同一语料库中词语混用的次数占该词及该组词总频次的比重，该数据用于跟词语的正确用法进行比较。（张博，2013）通过观察所有准易混淆词语的统计数据可发现，词语混用的绝对频次高，其相对频度不一定高；反之亦然。例如，"国⇆国家"的绝对频次为 112，相对频度为 1.58%；"皮⇆皮肤"的绝对频次虽然仅为 4，但是相对频度却达到 2.86%。我们认为，纳入研究范围的易混淆词语应该具有典型性和代表性。结合词语的混用实际，我们将绝对频次大于 15 或相对频度高于 1% 的混淆词对均作为最终的研究对象。符合此标准的词对共有 27 组，它们的混用数据如表 1 所示。

在 27 组易混淆词中，混用绝对频次在 40 以上的共有 14 组，占比 51.85%；其中超过 100 的有两组，分别是"时⇆时候"154 次，"国⇆国家"112 次。混用绝对频次在 10 以下的只有 2 组，占比 7.41%。在 27 组易混淆词中，混用相对频度在 4% 以上的共有 9 组，占比 33.33%；1% 以下的共有 4 组，占比 14.81%。大多数词语的混用相对频度均不低。数据详见表 2。

---

① 该项目由北京语言大学张博教授主持，30 多位教师、中外博士生和硕士生参与研究。

② 该词表是由项目组中有丰富对外汉语教学经验的一线教师、精通汉语的外国学者结合教学经验并根据调研和测试编制而成的。

③ 并列式的判定依据邵敬敏主编《HSK 汉语水平考试词典》（2000）对词语结构类型的标注。

④ 人工判定和筛选误例是在义项层面进行的。如，"好—美好"是一对准易混淆词。在《现代汉语词典》（第 7 版）（以下简称《现汉》）中"好"有 15 个义项，但汉语二语者将"好—美好"混淆基本只发生在"好"的第一个义项（"优点多的；使人满意的"）上。因此，"好"的其他义项与混用无关，不纳入考察范围。

⑤ 分别按照绝对频次和相对频度从大到小给所有词对排序，将词对的两个序号相加赋值，就得到了词语混淆度序列。该计算方法兼顾了词语混用的绝对频次和相对频度，能相对客观地反映词对的混淆程度。

表 1　同素单双音易混淆词混用统计

序号	易混淆词	绝对频次			相对频度/%		
		前词	后词	总计	前词	后词	总计
1	美⇆美丽	4	63	67	1.64 (4/244)	13.82 (63/456)	9.57 (67/700)
2	错⇆错误	32	20	52	9.14 (32/350)	7.04 (20/284)	8.20 (52/634)
3	变⇆变化	78	8	86	8.26 (78/944)	0.78 (8/1025)	4.37 (86/1969)
4	帮⇆帮助	70	14	84	20.71 (70/338)	0.74 (14/1892)	3.77 (84/2230)
5	穷⇆贫穷	18	20	38	8.18 (18/220)	12.99 (20/154)	10.16 (38/374)
6	生⇆出生	23	20	43	8.58 (23/268)	3.70 (20/540)	5.32 (43/808)
7	建←建立	0	40	40	0 (0/162)	13.51 (40/296)	8.73 (40/458)
8	变⇆改变	36	22	58	3.81 (36/944)	2.52 (22/873)	3.19 (58/1817)
9	成⇆成为	14	34	48	3.15 (14/445)	3.55 (34/957)	3.42 (48/1402)
10	声⇆声音	12	32	44	7.59 (12/158)	3.44 (32/930)	4.04 (44/1088)
11	国⇆国家	21	91	112	0.97 (21/2159)	1.85 (91/4931)	1.58 (112/7090)
12	时⇆时候	134	20	154	2.72 (134/4931)	0.25 (20/8148)	1.18 (254/13079)
13	事⇆事情	16	76	92	0.38 (16/4162)	3.19 (76/2379)	1.41 (92/6541)
14	等⇆等待	10	13	23	2.42 (10/414)	13.68 (13/95)	4.52 (23/509)
15	市⇆城市	9	36	45	0.95 (9/950)	2.60 (36/1384)	1.93 (45/2334)
16	树←树木	0	21	21	0 (0/377)	35.59 (21/59)	4.82 (21/436)
17	过⇆度过	27	13	40	1.64 (27/1645)	10.92 (13/119)	2.27 (40/1764)
18	活⇆生活	19	29	48	2.84 (19/668)	0.69 (29/4195)	0.99 (48/4863)
19	路⇆道路	8	13	21	0.88 (8/906)	6.05 (13/215)	1.87 (21/1121)
20	钱←金钱	0	29	29	0 (0/1725)	23.39 (29/124)	1.57 (29/1849)
21	皮⇆皮肤	2	2	4	2.02 (2/99)	4.88 (2/41)	2.86 (4/140)
22	美⇆美好	11	2	13	4.51 (11/244)	0.69 (2/289)	2.44 (13/533)
23	有←具有	0	41	41	0 (0/24373)	11.75 (41/349)	0.17 (41/24722)
24	贫→贫穷	4	0	4	6.15 (4/65)	0 (0/154)	1.83 (4/219)
25	改⇆改变	15	2	17	5.15 (15/291)	0.23 (2/873)	1.46 (17/1164)
26	好⇆美好	5	23	28	0.06 (5/8347)	7.96 (23/289)	0.32 (28/8636)
27	难⇆困难	10	9	19	0.81 (10/1242)	0.65 (9/1385)	0.72 (19/2627)

表 2 单双音易混淆词混用绝对频次和相对频度分布

绝对频次 N	$0 < N \leqslant 10$	$10 < N \leqslant 20$	$20 < N \leqslant 30$	$30 < N \leqslant 40$	$N > 40$	总计
词对数量	2	3	5	3	14	27
比重/%	7.41	11.11	18.52	11.11	51.85	100
相对频度 F	$0 < F \leqslant 1$	$1 < F \leqslant 2$	$2 < F \leqslant 3$	$3 < F \leqslant 4$	$F > 4$	总计
词对数量	4	8	3	3	9	27
比重/%	14.81	29.63	11.11	11.11	33.33	100

3 汉语二语者同素单双音词语的混淆特征分析

同素单双音词语的混淆特征可以从汉语二语者母语背景分布、混淆词语的词类分布、误用方向、误用词与当用词的语义关系、误用具体表现等方面进行观察。

3.1 汉语二语者母语背景分布表现出强共通性

根据汉语二语者的母语背景分布，易混淆词可以分为共通性易混淆词和特异性易混淆词。共通性易混淆词指不同母语背景汉语二语者均混用的词语；特异性易混淆词指单一母语背景汉语二语者混用的词语，或者虽然被多种母语背景汉语二语者混用，但某一母语背景汉语二语者的混用表现具有区别性特征的词语。（申旼京，2011）从理论上推测，不同学习群体的共通性词语混淆主要与目的语特征有关，而特定学习群体的特异性词语混淆则可能来自母语词汇知识的干扰。（张博，2016：3）

本文对日、韩、英三种母语背景汉语二语者语料进行横向对比后发现，在27组易混淆词中，三个学习群体全都混用的词语共有25组，占比92.59%；只被日、韩母语背景汉语二语者混用的词语1组，为"改⇆改变"；单一母语背景汉语二语者混用的词语只有"贫→贫穷"，它只出现在日语母语背景汉语二语者语料中。这表明，同素单双音词语混用在不同学习群体中具有超高的广泛性，也就是说，单双音词语混淆情况非常严重。据此推断，该类词语混淆应与汉语单双音词语的独特属性具有强相关性。

3.2 同素单双音易混淆词基本上全都是同词类词语

按照实际发生混用时误用词和当用词的词性，易混淆词可以分为同词类混淆词语和跨词类混淆词语。在27组同素单双音易混淆词中，25组属于同词类混淆词语，2组属于跨词类混淆词语。如：

（1）不仅如此，【变】对个人发展起着举足轻重的作用。[韩，当用"变化"]

（2）跟成家的人相比，未成家的学生们做完作业之后就没有别的【难】了。[日，当用"困难"]

误例（1）中的误用词"变"只有动词词性，而这里的当用词"变化"则是名词，该误例属于"动—名"跨类混用。误例（2）中，汉语二语者想要表达的应当是"生活中遇到的不易解决的问题或障碍",当用名词"困难"。此误例中的"难—困难"属于"形—名"跨类混用。

在25组同词类混淆词语中,动词数量最多,共计10组:帮—帮助、变—改变、成—成为、等—等待、改—改变、过—度过、活—生活、建—建立、生—出生、有—具有;名词共有9组:国—国家、路—道路、皮—皮肤、钱—金钱、声—声音、时—时候、市—城市、事—事情、树—树木;形容词共有5组:好—美好、美—美好、美—美丽、贫—贫穷、穷—贫穷;形名兼类词1组:错—错误。

3.3 同素单双音易混淆词双向误用占绝对优势

词语混淆按照误用方向可以分为单向误用和双向误用。单向误用指在成对的易混淆词中,汉语二语者只混用了其中一词,另一词却没有混用误例。如"建←建立"在语料库中只出现了当用"建"而误用"建立"的语例,而没有相反的情况。双向误用则指成对易混淆词中的二词均存在混用误例,如"成⇄成为"。

同素单双音易混淆词以双向误用占绝对优势。在27组混淆词语中,双向误用共22组,占比81.48%;单向误用5组,占比18.52%。双向误用直接反映了汉语二语者对易混淆词中的两个词语均掌握不好,因而无论使用哪个词语都会出现混用。同素单双音易混淆词具有如此高的双向误用比重,说明汉语二语者对该类词语混淆严重。

3.4 同素单双音易混淆词的语义关系均较近

同素单双音易混淆词主要根据实际发生混用的义项判断其语义关系。我们依据词语在《现汉》中的释义,即词语理性意义的相同和相近,将同素单双音易混淆词分为同义关系词语和近义关系词语。

同素单双音易混淆词在《现汉》中的释义包括以下五种类型:

1)以双音词释单音词。如"事:❶名事情。"这类易混淆词共有10组,它们是:帮—帮助、变—变化、等—等待、改—改变、国—国家、路—道路、生—出生、声—声音、市—城市、事—事情。

2)以单音词释双音词。如"金钱:名货币;钱。"这类易混淆词共有2组,它们是:度过—过、金钱—钱。

3)单双音词的释语相同。如"错:❺形不正确。""错误:❶形不正确;与客观实际不符合。"这类易混淆词共有4组,它们是:错—错误、贫—贫穷、穷—贫穷、时—时候。

4)单双音词释语的中心成分一致,但其中一词的释语还具有其他限定成分。如"美:❸形令人满意的;好。""美好:形好(多用于生活、前途、愿望等抽象事物)。"这类易混淆词共有8组,它们是:变—改变、成—成为、好—美好、活—生活、美—美好、皮—皮肤、树—树木、有—具有。

5)实际发生混用的单双音词的义项不同,释语不同,但所表示的语义仍相近。如"难：❶形 做起来费事的；不容易。""困难：❶形 事情复杂，阻碍多。"这类易混淆词共有 3 组，它们是：建—建立、美—美丽、难—困难。

通过对《现汉》释义的查检和比对，以上五种类型的 27 组同素单双音易混淆词的语义关系都较近。其中，前三类的易混淆词属于理性义相同词语，后两类的易混淆词属于理性义相近词语。其具体分布如表 3 所示。

表3　同素单双音易混淆词的语义关系分布

语义关系	数量	易混淆词
同义	16	帮—帮助、变—变化、错—错误、等—等待、改—改变、国—国家、过—度过、路—道路、穷—贫穷、生—出生、声—声音、时—时候、市—城市、事—事情、贫—贫穷、钱—金钱
近义	11	变—改变、成—成为、好—美好、活—生活、建—建立、美—美好、美—美丽、难—困难、皮—皮肤、树—树木、有—具有

3.5　同素单双音易混淆词误用的具体表现

不同词性的同素单双音词语，在误用具体表现上也存在特定的倾向。

3.5.1　同素单双音动词多发生语体搭配混用

（3）政府平等的处理，支持和鼓励，【帮】他们成为国家的一分子。[英，当用"帮助"]

（4）我可以【帮助】你带你的孩子。[日，当用"帮"]

以上语例中的混用词对在语义和句法上似乎不存在差异，但词语所在的句子或其搭配词却具有语体差异。如误例（3）所述内容似乎属于新闻性质，其中的"政府""平等""鼓励""关注"等均是非常正式的词语；误例（4）中"带孩子"明显是口语的非正式表达。在成对的同素单双音动词中，单音词常常具有口语色彩，双音词则相对较为正

式。以上误例均属于语体搭配混用。

3.5.2　同素单双音名词多发生韵律搭配混用和语体搭配混用

（5）坐火车的【时】，我跟中国人一边谈话一边玩纸牌了。[英，当用"时候"]

（6）街上的场面很热闹，各个【市】都有游行。[英，当用"城市"]

（7）好的是帮弱小【国】从敌人的侵略中保护人民。[韩，当用"国家"]

（8）我看中国无疑能走经济发展的【路】，能走社会主义市场经济的【路】。[英，当用"道路"]

（9）我也知道病不治好，加上家里人的【金钱】不够，精神上的负担更多。[日，当用"钱"]

以上误例（5）～（7）属于韵律搭配混用。王洪君（2001）将定语为指代或数量成分、或带"的"的定中结构归为"自由短语"，韵律黏着的单音词往

往不能充当其中的中心语。误例（5）中的"时"和（6）中的"市"均属于此类错误。另外，［2＋1］式不是形－名的常规模式，（7）中的"国"受到双音形容词"弱小"修饰，不符合韵律搭配规则。

误例（8）（9）属于语体搭配混用。单音名词常常具有口语色彩，对应的双音名词则具有书面语色彩，以上语例中所用词语与整个句子在语体上不一致。

3.5.3　同素单双音形容词多发生语义混用

（10）其中荷花更【美好】。［韩，当用"美"］

（11）我喜欢运动，可是没留下【美好】的成绩。［日，当用"好"］

（12）音乐是一种【美丽】的艺术。［日，当用"美"］

（13）这篇小说的内容太【美丽】，结果是大家都很幸福。［日，当用"美"］

（14）在美国，学生没有那么【困难】的考试。［英，当用"难"］

"美好"多用于生活、前途、愿望等抽象事物，它们较少与具体事物搭配；"美"和"好"则没有这方面的限制。误例（10）（11）中的"荷花"和"成绩"均是具体可感的，不能受"美好"形容。

"美丽"形容的一般是从视觉上让人感到愉快的人或事物；"美"能够形容的既可以是视觉，也可以是听觉、味觉、感知等方面让人感到愉快的人或事物。（12）"音乐"是听觉方面，（13）"小说内容"指感知方面，因而形容词当用"美"。

"困难"侧重于强调做成某件事的阻碍很多或者条件不足；"难"侧重于形容客观对象本身难度较大，如考试、题目、语言等。（14）在形容"考试"时，当用"难"。

以上是名动形三类同素单双音易混淆词的主要混用倾向。实际上，少数同素单双音名词和动词也存在语义混用，如：

（15）其次，吸烟者很容易感到【皮】老。［韩，当用"皮肤"］

（16）【树木】下面有一口井。［韩，当用"树"］

（17）古时候生活条件没有现代好，那么何必在山上【建立】个庙呢？［日，当用"建"］

（18）鲁迅倘若还在【生活】着则觉得中国已经改革了传统社会的虚伪性和落后性，或者中国人还在互相吃。［英，当用"活"］

"皮"和"皮肤"都可用于指人身体表面的组织，但"皮"侧重于与"肉"相区别，"皮肤"则侧重于呈现其色泽、状态（误例15）。"树木"指树的总称，属于集合概念，在（16）中则是指称具体的一棵树，因而当用"树"。"建立"一般指"友谊""制度""机构""政权"等开始形成或成立，（17）中对象是具体建筑物时，当用"建"。"活"侧重于表示有生命，与"死"相对；"生活"侧重于表示人进行各种活动。（18）想要表达的是"如果鲁迅还有生命"，因而当用"活"。

个别同素单双音形容词也存在语体搭配混用，如：

（19）利用外表去评价一个人是绝对【错】的。［英，当用"错误"］

（20）如果我们选择绿色食品

的话，很多【穷】地区的孩子就濒临死亡。[韩，当用"贫穷"]

（21）他家非常【贫穷】，他小时死了父亲，在母亲的教育下长大了。[日，当用"穷"]

（19）整个句子都具有正式语体色彩，而形容词"错"常常用在非正式语体中，这里当用双音词"错误"。（20）中"地区""濒临死亡"都具有书面语色彩，因而也应选择正式语体的双音词"贫穷"与之搭配。（21）中的"他家"及整个句子都具有口语色彩，因而当选用非正式语体的单音词"穷"。

4 同素单双音词语混淆的生成机制

4.1 汉语复合词表征结构

心理语言学认为，人类习得的语言信息被存贮在记忆里，这种记忆被称为表征（representation）（李荣宝 等，2000）。Levelt（1989）提出，母语者的词语表征应该包括语义、句法、语音/拼写和形态信息，前两者合称为标义词位（lemma），后两者合称为形式词位（lexeme）。Levelt（1989）基于印欧语的研究提出了词语表征结构，然而其形态信息中的内部屈折、异根等并不适用于汉语词。因此，我们应结合汉语词的特点，构建复合词的表征结构。

4.1.1 汉语复合词表征内应包括韵律信息

韵律信息指某词与他词的韵律搭配

规则，它应属于汉语词的基本属性。在现代汉语词汇中，双音节词占比高达70%左右。据《现代汉语频率词典》（1986）统计，使用度排名前 5000 的词语在各种文体语料中的覆盖面达到91.67%。在这 5000 词中，单音节词1795 个，占比 35.9%，双音节词 3103个，占比 62.06%，二者合计占比97.96%。现代汉语词汇中的常用词以双音节为主，单音节的比重也很大，这就带来了单音词和双音词的区分，以及由此造成的"单双组配"的区分，主要是[2＋1]和[1＋2]的韵律组配区分。这种区分不是单纯语音上的区分，同时也是语法、语义、语用上的区分，它是一种形态手段①。冯胜利（2007）也曾提出，汉语可以通过韵律这种超音段的手段，发挥其类似于音段形态手段的作用。汉语母语者的词汇能力中应该存在韵律信息，单音词使用受限的知识及单双音节的组配规则是下意识自动提取的，母语者不会产出"＊市的措施""＊十八岁的时""＊互相帮""＊绝对错"等韵律搭配错误。而不同母语背景的汉语二语者均会产出表现一致的韵律搭配混用，如名词单独作定语或单独作含"的"定中结构的中心语，单音动词或形容词受双音副词修饰等；而且，汉语二语者一般不会对这些错误进行自我修正。

因此，对于汉语来说，韵律信息应属于词汇能力的一部分，被存储在词语表征中。母语者能够下意识地提取；汉语二语者在韵律信息缺失或不足的情况下，便会产出韵律搭配错误。

---

① 沈家煊 2016 年 3 月 18 日在上海外国语大学报告语。

4.1.2 汉语复合词表征内应包括语体信息

语体信息也应属于汉语词的基本属性。汉语词的语体差异同样最常表现在单双音节词语中。张国宪（1989）、李临定（1990）、董秀芳（2002）都曾指出，单音节动词常用于口语，双音节动词多具书面语色彩。冯胜利（2010）则提出现代汉语存在"书面体—口语体"和"文雅体—白话体"两对语体范畴，并认为相互对立的语体各具自身的词汇。例如，"金钱"具有书面语语体色彩，"钱"具有口语语体色彩，这种语体信息应是自然储存在母语者心理词库中的，在激活和使用"金钱"和"钱"时，语体信息会自动提取。然而，日语、韩语、英语母语背景汉语二语者均存在"钱—金钱"的语体搭配混用，说明汉语二语者相关词语的语体信息仍未正确整合入词语表征内。

综上所述，汉语复合词的表征应包括形式、语义、句法、形态、韵律和语体信息。除韵律和语体之外，汉语复合词的形式信息和形态信息也与英语等印欧语不同。印欧语系诸语言的书写系统属于拼音文字，因而其形式信息包括语音和拼写两部分，其中的拼写指字母的书写规则。而汉字是一种意音文字，最小的音义结合体是语素。汉语复合词的形式信息应当包括语音、汉字形体和构词语素顺序。另外，不同于英语词的内部屈折等形态信息，汉语复合词的形态信息应当指构词法信息。综合以上分析和考虑，我们对 Levelt（1989）基于印欧语提出的词语表征结构进行了补充修订，构建了汉语复合词表征结构（图1）。

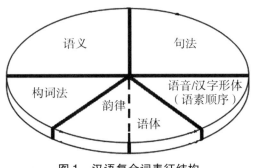

图1 汉语复合词表征结构

与 Levelt（1989）的词语表征结构相比，汉语复合词表征结构具有以下几点不同：①形态信息不包括内部屈折、异根等，而是表现为构词法信息；②形式信息表现为语音、汉字形体和语素顺序；③汉语复合词表征结构内包括韵律信息和语体信息，二者存在部分交叉。冯胜利（2010）曾指出，双音构词法是语体正式化的手段之一，"'各'是典雅体嵌偶单音词"，"各"有［各+N］必双的使用要求。韵律和语体有时密切相关，因此，表征结构中的这两部分信息之间用虚线隔开。

4.2 汉语二语词汇发展模型

Jiang（2000）将二语词汇习得的抽象过程具体化为词汇能力四类信息整合进词语表征结构的过程，并根据词语表征的不同形式，将二语词汇习得过程划分为三个阶段：形式阶段（the formal stage）、一语标义词位调节阶段（the L1 lemma mediation stage）和二语词整合阶段（the L2 integration stage）。在形式阶段，词条内只有二语词的形式信息；在一语标义词位调节阶段，一语对应词的标义词位信息复制到二语词条内并调节二语词的使用；在二语词条整合阶段，二语的语义、句法、形态信息整合进词条内。在词汇发展的不同阶段，二语者心理词库中具有不同的词语表征信息，各阶段的词语输入和输出机制也有所区别。

本文推测，汉语作为第二语言的词汇发展也大致符合 Jiang（2000）的三个阶段：①形式阶段；②一语标义词位调节阶段；③汉语词条整合阶段（图2）。

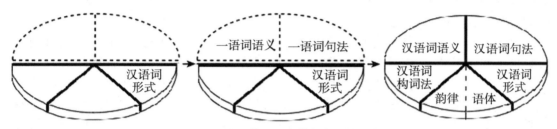

图2 汉语作为第二语言的复合词发展模型

图2中显示，汉语二语者首先会经历词汇发展的形式阶段，即二语词条一开始只包含汉语词的书写和发音等形式信息，创建到词条内的内容不多。这时的二语词条中不存在标义词位。在这一阶段，使用汉语词需要激活汉语二语者母语对应的翻译词。这个对应词所提取出的语义、句法和形态信息可以帮助汉语二语者理解。随着汉语接触的增加，二语词与一语对译词之间的联系逐渐加强，汉语二语者在使用汉语词时，会同步激活汉语词的形式和其母语对应词的标义词位信息（即语义和句法信息）。如此反复，就进入汉语词发展的第二阶段，即一语标义词位信息复制到词条内。这一阶段，标义词位的空间被汉语二语者母语对译词的语义和句法信息所占据，同时调节汉语词的加工。第三阶段就是二语词条整合阶段，即随着汉语二语者对汉语的不断使用和接触，汉语词的语义、句法和形态信息均被提取进入词条。如前文讨论，汉语词语缺乏形态变化，而韵律和语体、复合词的构词法等是非常重要的形态信息，汉语二语者的二语词汇能力发展到了最后阶段，这些信息

才会最终被整合进入词条内。

4.3 同素并列式单双音词语混淆的生成机制

从构词语素之间的语义关系看，本文的同素单双音易混淆词中的双音复合词基本上均为同义并列。它们大多是由同素单音词经过双音化而来，因而成对词语在语义上相同或高度相近。在本文探讨的27组同素单双音易混淆词中，同义关系词语16组，近义关系词语11组。同义关系词语主要发生了韵律混用和语体混用，近义关系词语则主要发生了语义混用。

具有源流关系且语义相同相近的同素单双音词语是汉语特有的词汇类聚，它们在日语、韩语、英语中大多对应于同一个词。汉语二语者的同素单双音词语使用初期会受到一语标义词位的调节作用，从而产生语义误推，造成词语的语义混用。随着词汇习得的发展，汉语二语者从输入词语中提取并整合到词语表征内的汉语词标义词位信息越来越多，他们也将尝试利用汉语词信息直接产出

词语。此时，整合不完善或不准确的语义或句法信息将导致词语混用。

理性义基本相同的同素单双音词语常常发生韵律混用和语体混用。汉语二语者很难在词汇习得中关注到并提取出词语表征中存在的韵律信息和语体信息。我们推测，其原因有四点：

（1）从语言对比的角度看，汉语二语者母语中不存在同素同义单双音词语类聚，成对单双音词语在其母语中往往对应于同一个词。如"错"和"错误"的日语对应词都是"誤り"，韩语对应词为"잘못"，英语则均对应于"wrong"或"mistake"。单双音词语在韵律信息和语体信息上存在差异。例如，"错"常同单音词搭配，它适用于口语和俗白文字，具有口语色彩；"错误"多同双音词搭配，它通用于书面语和口语（刘叔新，2011：94）。这种差异在汉语二语者母语中是不存在的，因而他们基本上很少能自觉关注到单双音词语在韵律和语体上的差异，他们也缺乏从输入词语中提取单双音词韵律信息和语体信息的相关经验。

（2）从词汇习得的主体看，汉语二语者在词汇习得过程中，更多关注的是词语的意义和用法。正确理解和传达语义是语言交际的基本需求，因而汉语二语者将大部分注意力都集中于此。而且，即使单双音词语使用发生了韵律搭配错误或语体搭配错误，有时也不会影响交际的正常进行。汉语二语者长期忽视同素单双音词语在韵律信息和语体信息上的差异，因此也就无法有效提取相关知识信息。

（3）从词汇习得的客体看，单双音词语的韵律信息和语体信息规律性较弱，特异性较强，这在客观上给汉语二语者关注和提取它们带来了难度。刘叔新、周荐（1992）认为单双音节的韵律搭配限制为"单对单、双对双"。但实际情况却较为复杂，如"大国""小城"可以说，而同为"单对单"的"＊大城""＊大市""＊小市"却不能说；"双对双"的"＊日本国家""＊北京城市""＊劳动节日"则都不成立（以上错误均在汉语二语者语料中大量存在）。词语的语体信息也缺乏一致的规则性。虽然不少研究均认为，单音动词常用于口语，双音动词常用于书面语，但程娟、许晓华（2004）对《汉语水平词汇与汉字等级大纲（修订本）》（经济科学出版社2001年版）中181组同素单双音动词的语体色彩统计结果显示：19.3%的单音词比双音词的书面语色彩更浓，另有33.7%的单双音词语语体色彩差异不明显。可见，在同素单双音词语类聚中，语体色彩的倾向性并不强。汉语二语者多为认知能力发达的成年人，他们在二语词汇习得过程中，会对已经获得的知识进行总结归纳，并将其类推到同类词语使用上。而面对同素同义单双音词语纷繁复杂的韵律制约规则和语体色彩分布，汉语二语者即使有时注意到并提取了某个词语惯常的韵律搭配和语体搭配，也很难将其类推到其他词语上。也就是说，即使二语者正确提取了某对单双音词语的韵律信息和语体信息，若对其进行了不当类推，则会导致其他单双音词语的相关信息整合错误，从而造成词语混用。

（4）从二语词汇教学来看，印欧语词汇的形态信息是显性知识（Bialystok，1982）。词语的形态知识是二语课堂教学中必然教授的内容，教材中也有相关知识的讲解。二语者可以通过有意识的学习，获得词语形态信息，并且能够用语言将其表达出来。如 apple 的复数形式要加-s，go 的过去式是 went 等。汉语词的韵律信息和语体信息则不然，对外汉语教师较少将单双音词语的韵律搭配规则和语体搭配规则作为授课内容，教材中也大多不存在相关内容的说明和针对性练习。因而，汉语二语者可能不知道"＊该国家"不成立，以及为什么不成立，也不清楚为何"好朋友""大城市"能说，但"＊穷地区"却不能说。这其中涉及"国"和"国家"、"穷"和"贫穷"在语体信息上的差别。

综上所述，汉语二语者较难关注到单双音词语的韵律信息和语体信息，因而也就难以从词语输入中有效提取这些信息。这导致其心理词库中该部分语言能力的缺失，因而在词语输出时，单双音节的使用更可能是一种随机的选择，又或者存在汉语二语者的个体倾向性[①]。即使汉语二语者通过词语输入提取到某对词语的韵律信息和语体信息，也很难将其类推到其他词语的使用上。这都将导致同素同义单双音词语的混淆现象。

5　结　语

本文基于大规模汉语中介语语料库，综合考量词语混用的绝对频次和相对频度，筛选出混淆度排名靠前的 27 组同素单双音易混淆词，通过数据对比分析发现，同素单双音词语的混淆分布特征为：共通性强，同素单双音易混淆词基本上全为同词类混淆词语，其中动词多发生语体搭配误用，名词多发生韵律搭配误用和语体搭配误用，形容词多发生语义混用；双向误用的易混淆词占据绝对优势；同素单双音易混淆词的语义关系均较近。我们认为，一语标义词位的调节作用，以及汉语二语者心理词库中缺少词语的韵律信息和语体信息，是造成同素单双音词语混淆的主要原因。比较而言，词语的韵律混淆和语体混淆最难克服。

同素单双音词语混淆发生在词汇发展的一语标义词位调节阶段，这是汉语二语者词汇习得的必经过程。教师在教学时，应针对二词的易混淆点进行诊疗性辨析，帮助汉语二语者积极预防偏误；另外，建议汉语二语者多从整句中提取词义，而不是仅仅记住其对译词。对中高级汉语二语者教学时，应适当将单双音词语的语体和韵律知识放在凸显位置，以帮助他们加速词汇发展，获得更加完备的二语词汇能力。

参考文献

程娟，许晓华.HSK 单双音节同义动词研究 ［J］. 世界汉语教学，2004（4）.

董秀芳.词汇化：汉语双音词的衍生和发展 ［M］. 成都：四川民族出版社，2002.

冯胜利.韵律语法理论与汉语研究 ［J］. 语言科学，2007（2）.

冯胜利.论语体的机制及其语法属性 ［J］. 中国语文，2010（5）.

季瑾.HSK 甲级单双音同义动词部分不可替换的类型分析 ［J］. 语言教学与研究，2005（5）.

---

① 例如在"国"和"国家"的使用上，某一汉语二语者可能都选择"国"，而另一汉语二语者可能都选择"国家"。

李临定.动词分类研究说略 [J].中国语文,1990 (4).

李荣宝,彭聃龄,李嵬.双语者第二语言表征的形成与发展 [J].外国语,2000 (4).

刘春梅.留学生单双音同义名词偏误统计分析 [J].语言教学与研究,2007 (3).

刘叔新,周荐.同义词语和反义词语 [M].北京:商务印书馆,1992.

刘叔新.现代汉语同义词词典 [M].4 版.北京:中国社会出版社,2011.

刘智伟.含同一语素的同义单双音节动词研究 [D].北京:北京师范大学,2005.

骆健飞.论单双音节动词带宾的句法差异及其语体特征 [J].语言教学与研究,2017 (1).

申旼京.韩语背景学习者汉语词语混淆的母语影响因素研究 [D].北京:北京语言大学,2011.

王洪君.音节单双、音域展敛(重音)与语法结构类型和成分次序 [J].当代语言学,2001 (4).

吴颖.同素近义单双音节形容词的差异及认知模式 [J].语言教学与研究,2009 (4).

于洋.汉语二语者同素同义单双音名词混淆分布特征及其成因 [J].语言教学与研究,2015 (6).

张博.针对性:易混淆词辨析词典的研编要则 [J].世界汉语教学,2013 (2).

张博.不同母语背景的汉语学习者词语混淆分布特征及其成因研究 [M].北京:北京大学出版社,2016.

张国宪.单双音节动作动词语用功能差异探索 [J].汉语学习,1989 (6).

中国社会科学院语言研究所词典编辑室.现代汉语词典 [M].7 版.北京:商务印书馆,2016.

BIALYSTOK E. On the relationship between knowing and using linguistic forms [J]. Applied linguistics, 1982, 3 (3).

JIANG N. Lexical representation and development in a second language [J]. Applied linguistics, 2000, 21 (1).

LEVELT W J M. Speaking:From intention to articulation [M]. Cambridge, MA:Bradford, 1989.

付冬冬,上海财经大学国际文化交流学院,200083

296478669@ qq. com

于洋,北京语言大学国际中文学院,100083

fisheepyy@ vip. 163. com

日韩母语者"经验""经历"相关词语的习得研究

李 瑞 周小兵

摘 要： 语料考察发现，日语母语者和韩语母语者不仅可能混淆"经验""经历"，还会出现它们与"体验""经过"的误代。基于偏误分类，总结日语母语者和韩语母语者的共通性偏误和特异性偏误；借助 Sketch Engine 比较汉语中相关词语之间的联系和区别；语言对比发现，日语、韩语与汉语之间都存在一对多的现象，如日语"経験する"对应汉语"经过""经历"和"经验"三个词；进而探析日韩母语者产出不同类型偏误的原因。资源考察发现，教材和词典的词性标注、循环释义和例句不典型等问题，会导致学习过程中产生词义误推或词功能误推。最后提出教材研发和教学实施的可行性建议。

关键词： 日韩母语者；经验；经历；习得

1 引 言

HSK 动态作文语料库与全球汉语中介语语料库中，可搜索出以下偏误：

（1）＊他写的小说都基本上是自己的经验。（经历）

（2）＊我在中国住了四年左右，所以我在这经验了五花八门的不同情况与感情。（体验）

（3）＊这一段时间里我经验了好几件事情，我才体会到自己的父母多么重要，多么辛苦。（经历）

统计发现，英日韩母语者混用"经验""体验""经历""经过"远多于其他母语者。习得研究英语母语者较多，日韩母语者较少；围绕"经验""经历"，综合研究"体验""经过"的更少。因此，本文聚焦同属阿尔泰语系的日、韩母语者对上述汉语词的习得，用对比分析假说、习得研究和语言普遍性理论进行综合考察。

以往研究探讨了"易混淆词"的概念、现象、特点及类型（张博，2007，2008；苏英霞，2010）；考察学习者、教材词典等因素对易混淆词产出的影响，提出针对性、搭配性等原则（张博，2013；孟凯，2014；钱旭菁，2015）；探讨易混淆词教学、教材的不足和解决方法（刘晓颖、郭伏良，2010；杨玉玲，2019；周容存，2021）；考察不同母语者对易混淆词的学习情况和偏误原因（申旼京，2011；周琳、萨仁其其格，2013；萧频、刘竹林，2013；张连跃，2014；付冬冬，2017）；还有韩汉同形词对比分析（李美香，2015；赵杨，2017）、"经验"类词语辨析（李新，2016）等。

以往研究尚有不足：①基于语料库的系统考察少；②结合习得难点的语言对比和规则概括少，易混淆目标词的分布异同和辨析条件不清楚；③二语认知、习得机制与过程考察少，未明确概括出二语学习特征；④二语教材词典精准考察少，未明确指出其中内容影响习得效果的具体路径，自然很难提出精准的改善建议，难以提高教学效益。

本文使用最小差异对方法，系统考察目标词在词性、语义和搭配方面的异同；并应用语言习得理论，深入考察日韩母语者的偏误情况和习得路径，进而提出有效的教学方案。

2 日韩母语者"经验""经历"误代情况

2.1 误代类型

本文通过统计误用词、当用词、误代次数及误代率，最终确定二语者产出"经验""经历"和相关词语的误代类型，以及不同类型的误代程度（表1）。

表1 日韩母语者偏误类型对比

误用词	日语母语者			韩语母语者		
	当用词	误代次数	误代率	当用词	误代次数	误代率
经验（n.）	经历（n.）	52	72.2%	经历（n.）	91	47.6%
	经历（v.）	14	19.4%	经历（v.）	44	23.0%
	体验（v.）	3	4.2%	体验（v.）	21	10.9%
				体验（n.）	8	4.2%
经过（v.）	经历（v.）	3	4.2%	经历（v.）	23	12.6%
经过（v.）+经验	（不要"经过"）	11				
经过（n.）				经历（n.）	3	1.6%

由表1可知，用"经验（n.）"代替"经历（n./v.）"［如例（1）］、"体验（v.）"［如例（2）］，误用"经过（v.）"代替"经历（v.）"（如"＊直到现在，我经过了很多的挫折。"），是日语母语者与韩语母语者的共通性偏误，但韩语母语者的误代率远高于日语母语者。特异性偏误方面，韩语母语者误用"经验（n.）"代替"体验（n.）"较多，偶有误用"经过（n.）"代替"经历（n.）"的情况；日语母语者会误用"经过"搭配"经验"（如"＊经过以上

的经验，我还是认为安乐死是可取的。")）。

2.2　误代关系

基于偏误语料的考察，我们将日语母语者和韩语母语者相关偏误的误代方向整理为图1和图2。图中斜体字表示误代词，正体字表示当用词，箭头表示误代方向。由此可概括出"经历"类词语日韩母语者习得特点和中介语特征：均为词语单向误代，且"经验"误代"经历" > "经验"误代"体验" / "经过"误代"经历"。

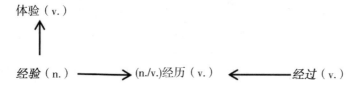

图1　日语母语者误代方向

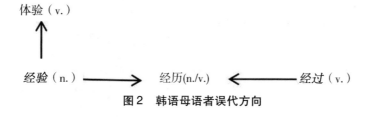

图2　韩语母语者误代方向

3　汉语词语辨析

3.1　"经验"与"经历"辨析

《现代汉语词典》（第七版）①（以下简称《现汉》）中依旧保存"经验"动词的用法②。我们在BCC语料库随机抽取的1000条语料中，仅有17条用作动词，且大部分是20世纪80年代以前的文学作品或翻译作品，如："但是对于汽车在半路坏了时的滋味，却经验得多了。"（《查太莱夫人的情人》，1936）周小兵（2022：207－208）考察CCL语料库和BCC语料库后也得出在当代汉语③中"经验"已逐步丧失动词功能的结论。所以本文将"经验"看作名词，不考虑其动词词性。而"经历"既可以作名词，又可以作动词。

作名词时，"经历"主要指亲身做过或遇到过的事情；"经验"的语义则更进一步，即亲身做过或遇到过某事后，需要经过思考获得的知识或技能④。如"创业经历"仅指客观的创业过程，有成功也有失败；"创业经验"则指创业

---

① 中国社会科学院语言研究所词典编辑室：《现代汉语词典》（第七版），商务印书馆2012年版。
② 《现汉》中"经验"释义：动词，经历；体验：这样的事，我从来没有经验过。
③ 当代汉语此处是指近50年多领域内普遍使用的规范汉语。
④ 《现汉》中"经验"释义：名词，由实践得来的知识或技能。

过程中所总结出的有助于成功的建议。

词语搭配方面，我们借助 Sketch Engine 中 的 Chinese Web Corpus 2017 Simplified（zhTenTen 17）语料库，对"经验"和"经历"的搭配进行分析对比。为区分两词的搭配，我们统计了以下只可以和"经验"或"经历"其中一词搭配的情况（表2）。

表2 "经验"与"经历"搭配对比

作主语时搭配的谓语			作宾语时搭配的谓语			作中心语时搭配的定语		
谓语	与"经验"搭配频次	与"经历"搭配频次	谓语	与"经验"搭配频次	与"经历"搭配频次	定语	与"经验"搭配频次	与"经历"搭配频次
加成[1]	2586	0	摸索	2133	0	先进的	5212	0
推广	1954	0	提起	0	607	行之有效的	670	0
共享	1453	0	诉说	0	437	独到的	473	0
大起大落	0	123	讲起	0	576	艰辛的	0	171
勉励	0	125	聊起	0	245	离奇的	0	201
基于……改编	0	526	从军	0	245	不堪回首的	0	242
从……讲起	0	163	回首	0	273	惊心动魄的	0	279
历历在目	0	163	遭遇	0	634	曲折的	0	498

1）如"炫舞经验加成"多用在游戏上，是指原本获得的经验可以在百分比上多增加一部分。

由表2我们可以发现，一是只能与"经验"搭配的成分均少于只能与"经历"搭配的成分，因此可以说"经历"的使用范围更广。二是与"经历"搭配的定语语义成分可以是积极的，如"传奇的经历"，也可以是消极的，如"曲折的经历"；而与"经验"搭配的成分只能是积极的，如"独到的经验"。

3.2 "经验"和"体验"辨析

在词性上，"经验"和"体验"词性不同，"经验"是名词，而"体验"基本充当动词。"体验"可在句中作谓语，而"经验"不可以。

在词义上，《现汉》将"体验"解释为"通过实践来认识周围的事物；亲身经历"，将"经验"解释为"由实践得来的知识或技能；经历，体验"，可以看出两词词义有交叉之处，但是语义侧重点不同。"经验"侧重过程后的总结和思考，并且是有益的；"体验"侧重指过程中亲自尝试，了解以前不知道的事物。

我们参照 Sketch Engine 中的搭配情况统计出只和其中一个词搭配的情况（表3）。

表 3　"经验"与"体验"搭配对比

作主语时搭配的谓语（＋宾语）			作宾语时搭配的谓语			作中心语时搭配的定语		
谓语	与"经验"搭配频次	与"体验"搭配频次	谓语	与"经验"搭配频次	与"体验"搭配频次	定语	与"经验"搭配频次	与"体验"搭配频次
借鉴	9655	0	借鉴	36880	0	可借鉴的	4167	0
传授	3074	0	吸取	10780	0	总结的	2888	0
加成	2586	0	传授	7204	0	取得的	4060	0
变差	0	230	汲取	5754	0	推广的	1883	0
			累积	5074	0	发展的	3254	0
						舒适的	0	8881
						极致的	0	5723
						流畅的	0	5206
						便捷的	0	3499
						身临其境的	0	1965

由表 3 可知，一是"经验"与"体验"在作主语时，只与"经验"搭配的谓语较多，而只与"体验"搭配的只有"变差"，如："火车票涨价，体验变差。"二是两者在作宾语时，仅有只与"经验"搭配的谓语，没有只与"体验"搭配的谓语。三是只与"经验"搭配的定语多是动词，如"取得的经验"，而只与"体验"搭配的定语多是形容词，如"便捷的体验"。

通过以上的词性、词义和搭配方面的对比，可以帮助学习者辨析相关词语，也可以帮助教师或教材编写者准确全面地展示相关词语的区别，为教学提供思路。如在选取例句时，我们可以根据表 2 和表 3，选取只与"经验"搭配的积极定语成分"先进的经验"，选取与"经历"搭配的消极定语成分"艰辛的经历"，借助此搭配帮助学习者辨析两者的不同。

4　偏误探因

4.1　日韩母语学习者共通性偏误探因

4.1.1　误用"经验"代替"经历"

表 1 提到日韩母语者误用"经验（n.）"代替"经历（n./v.）"的偏误率最高，我们从以下三个方面进行偏误探因。

第一，母语词功能误推。虽然韩国语"經驗"和日语"経験"都没有动词用法，却可以在原先名词的基础上在词尾处加相应的词缀分别变动词"経験する"和"경험하다"。在输出过程中，日韩母语者会受母语影响，产生母语词功能误推，将"经验"误用作动词使用。

第二，词义迁移。词义迁移主要发生

在语际迁移中。我们通过本节考察日本《Weblio 辞书》[①]、韩国《표준국어대사전》[②]（《标准国语大辞典》）进行汉日和汉韩对比，以发现迁移路径，具体见表4和表5。日语"経歴"的常用义项为第一义项，韩语"경력"的常用义项为第二义项，两者语义更接近汉语"履历"而不是"经历"；相反，日语"経験"和韩语"경험"的第一义项与"经历"更接近。因此，日韩母语者容易将母语中"経験"和"경험"的词义迁移到"经历"上，产生误用跟母语"経験"和"경험"相对应的"经验"代替"经历"的偏误。如："＊如果有机会的话，去那边也是很好的经验。"

表4　"経歴""경력"与"经历"释义情况对比

目标词	义项	词性	释　义
経歴	①	名词	至今为止经历过的工作、身份、地位、学业等
	②	名词	实际所见所闻和体验的事情
경력	①	名词	经历的各种各样事情
	②	名词	从事职业上的任何工作，担任过什么样的职务或职务的经验
经历	①	动词	亲身见过、做过或遇到过
	②	名词	亲身见过、做过或遇到过的事

表5　"経験""경험"与"经验"释义情况对比

目标词	义项	词性	释　义
経験	①	名词	实际看到、听到或做的事。此外，通过它获得的知识和技能
	②	名词	哲学，由感官或感知直接给予
경험	①	名词	自己实际尝试或经历过的事情。或者从中获得的知识或技能
	②	名词	哲学中的概念，是通过对客观目标的感觉和感知作用而意识到的内容
经验	①	名词	由实践得来的知识或技能

第三，目的语规则泛化。在《现汉》和部分外向型词典中直接用"经历"释义"经验"，这会使学习者认为"经历"和"经验"词义相同，可互相替代使用，从而产生目的语规则泛化。

4.1.2　误用"经验"作动词代替"体验"

误用"经验"作动词代替"体验"也是日语母语者和韩语母语者的共通性偏误之一。

① https：//www.weblio.jp/.
② 韩国国立国语院：《표준국어대사전》，https：//stdict.korean.go.kr.

《Weblio 辞书》中提到"経験"和"体験"语义和用法相同，可替换使用，如"経験（体験）してみて分かる"［经验（体验）一下就明白］。其中，"経験"语义范围涵盖"体験"。《中韩辞典》①中"경험"和"체험"语义相近，也是前者语义范围涵盖后者。这导致日韩母语者在习得过程中都会受母语的影响，混淆"经验"与"体验"的语义和使用规则，认为在目的语汉语中"经验"也可代替动词"体验"使用，产生了母语词义误推。

在目的语汉语中，《现汉》循环释义"经验"和"体验"，这在一定程度上加深了"经验"和"体验"在日韩母语者心理词典中的语义联系，认为汉语与其母语情况相同，从而将"体验"的义项误推到"经验"中，产生误用"经验"代替"体验"的偏误，如："＊我已经经验了三年推销员。"

4.1.3 误用动词"经过"代替动词"经历"

除"经验"外，日韩母语者误用动词"经过"代替动词"经历"也是日韩母语者的共通性偏误，如"＊可能每一个人都会经过'代沟'的问题吧。"但在《现汉》中，"经过"在表示"经历"时，词性为名词。而日韩母语者共通性偏误为误用动词"经过"代替动词"经历"，因此我们认为产生偏误的主要原因是母语干扰。

《Weblio 辞书》释义"経る"为"动词，时间流逝；经过某个地方；通过

一定的过程或路线"。通过释义发现，"経る"的第三义项对应汉语中的"经历"，如"多くの困難をへて成功した"（经历了很多困难，成功了）。可以得出，"経る"虽对译汉语"经过"，但也含有表示"经历"的义项。韩语也是如此，"경과"和"거치다"虽对译汉语"经过"，但都有表示"经历"的义项。因此，日韩母语者受母语词"経る"及"경과"和"거치다"的干扰，产生母语词功能误推，认为"经过"在表示"经历"时，可以作动词使用；又受母语词义干扰，产生词义迁移，从而产生误用动词"经过"代替动词"经历"的偏误。

4.2 日语母语学习者特异性偏误探因

在考察日韩母语者关于"经验"和"经历"时，日语母语者存在不同于韩语母语者的特异性偏误，如：

（4）＊每个人只能经过自己的经验，和他自己犯了错误以后产生的后果来了解这个世界的规律。（通过自己的经历）

（5）＊也许经过这样的经验②的人也不少。（有这样的经历）

由以上偏误可以发现，日语母语者在习得"经验""经历"时还涉及搭配偏误，即经常将"经过"搭配"经验"使用。由于以上偏误是日语母语者特异性偏误，我们主要从其母语角度出发考察原因。对《Weblio 辞书》中的语料进行考察。我们发现在日语中，"経る"

---

① 高丽大学民族文化研究院中国语大辞典编纂室：《中韩辞典》，高丽大学校民族文化研究院 2004 年版。
② 由生语料上下文可知，此处改为"经历"更合适。

+ "経験"为固定搭配，如：

（6）さまざまの 経験を 経て、自分の 内面に 創りあげ 育てあげるものです。

词译：各种各样的 经历 经过，自己的 内心 创造 培养。

句译：通过各种各样的经历，创造和培养自己的内心。

（7）そういう 経験を 経て、だんだん 取材する 力が ついていった と思います.

词译：这样的 经验 经过，渐渐地 采访 能力 有了 我觉得。

句译：收获了这样的经验后，我觉得我渐渐有了采访的能力。

由以上例句可以看到，日语"経る"经常与"経験"搭配使用，而且"経る"既对应汉语"经过"，又对应汉语"通过"，"経験"也同时对应汉语"经历"和"经验"。因此，日语母语者在习得过程中会受母语负迁移影响，产生搭配僵化，即误用"经过"搭配"经验"。

4.3 韩语母语学习者特异性偏误探因

在考察全球中介语语料库和 HSK 动态作文语料库后，发现韩语母语者也存在不同于日语母语者的特异性偏误，即误用"经验（n.）"代替"体验（n.）"。

《中韩辞典》中将"경험"和

"체험"的词性标注都为名词。词义上，"경험"的语义覆盖"체험"的语义。也就是说，"경험"虽对应汉语中的"经验"，但是在韩语中也可表示"体验"义，如：

（8）이번 행사의 실패가 회사 경영진에게는 쓴 경험이 될것이다.

词译：这次 活动的 失败 公司 对于管理层来说 痛 苦 的 经 验 是。

句译：这次活动的失败对于公司管理层将是一次痛苦的体验。

因此，韩语母语者主要受母语词性标注和词义相近的影响，在习得过程中，认为"经验"与"体验"都可作名词使用，并且可以互相替换，从而产生母语词功能误推和同近义关系误推。但在目的语汉语中，"经验"和"体验"存在不同："经验"只能是正面的，因此只受积极义形容词修饰；"体验"可以是正面的，也可以是负面的，因此可以受积极义形容词修饰，也可以受消极义形容词修饰。韩语母语者在习得过程中没有进一步区分，从而产生上述偏误。

5 教材词典编写

为考察学习者习得路径，我们选取两部使用范围较广泛的对外汉语通用教材（《HSK 标准教程》《新实用汉语课本》），以及韩国教材《汉语新视界：大学汉语教程》和日本教材《说汉语》①作为考察对象。

通过对以上教材编写情况的考察，

---

① 姜丽萍：《HSK 标准教程》，北京语言大学出版社 2014 年版；刘珣：《新实用汉语课本》，北京语言大学出版社 2006 年版；金立鑫、孟柱亿：《汉语新视界：大学汉语教程》，北京语言大学出版社 2007 年版；吴叔平：《说汉语》（第三版）（日文注释版），北京语言大学出版社 2011 年版。

我们发现国际中文教材存在以下需要改进的地方：

一是同一词语在不同教材中的词性标注不同。如《HSK 标准教程》只标注"经历"动词词性；《新实用汉语课本》既标注"经历"动词词性，也标注其名词词性。国际中文教材应注重词语词性标注的准确性和全面性，如《HSK 标准教程》应全面标注"经历"的动词和名词词性。

二是使用同一个词来释义不同的词语。如使用"경험"同时释义"经过""经历"和"经验"三个词，使用"체험"同时释义"经历"和"体验"两个词，这样一对多的释义不能明确体现汉语近义词之间的区别，也无法帮助学习者辨析相关词语。

三是例句的搭配不够典型，甚至搭配错误，更易诱发偏误。如课文例句"从私塾到小学，到中学，我经历过起码有二十位教师吧。"例句中"经历"搭配宾语"教师"的准确性有待商榷。为验证准确性，我们随机选取 BCC 语料库中 500 条语料，并没有发现指人名词充当"经历"宾语的情况。此句改为"……我起码被二十位教师教过吧"更合适。

对外汉语学习词典也存在需要改进之处：

一是"经验"的动词词性的标注。《汉语教与学词典》[1] 依旧保存"经验"的动词释义。这会让留学生认为"经验"在实际生活中可做动词使用，而产生将"经验"误用作动词，来代替"经历"或"体验"的偏误。

二是例句不够典型。《国际中文学习词典》[2] 中"经历"和"经验"出现在相同的搭配中，即"经历丰富"和"经验丰富"，且没有进行语义区分，这会诱导学习者在习得过程中将这两个词构建为关系紧密的近义词，加深混淆程度，认为两词可以互相替代使用。词典应选择不同搭配，尽量避免近义词出现在同一例句搭配中。如参考 MI 值高且能体现二者区别的搭配，如表 2 中"曲折的经历"和"先进的经验"。

三是释义语言难度高，外向型词典的释义多沿用《现汉》。如《现汉》释义"经历"为："动词，亲身做过或亲眼见过；名词，亲身做过或亲眼见过的事。"《国际中文学习词典》将其释义为："动词，做过、见过、体验过；名词，做过、见过、体验过的事。"该释义大体沿用内向型词典，且释义中"体验"一词难度高于"经历"，不利于学习者理解词义。

6 结 语

在习得过程中学习者应明确母语和目的语汉语之间的区别，促进正迁移，减少负迁移。第一，区分母语词与目标词词性。日语母语者应明确"経験"可加动词后缀变为动词"経験する"，而汉语"经验"仅作名词使用；日语"経歴"只有名词词性，而汉语"经历"既可作名词，也可作动词。韩语母语者也应明确"경험"与汉语"经验"，以及"경력"与"经历"词性均不同，都应加以区分。第二，明确母语词与目标词的

① 施光亨、王绍新：《汉语教与学词典》，商务印书馆 2011 年版。
② 李行健、张世平、李佩泽：《国际中文学习词典》，人民教育出版社 2022 年版。

词义范围。日语"経歴"和韩语"경력"语义更接近汉语"履历",日语"経験"和韩语"경험"语义包括汉语"经历",但是与"経験""경험"相对应的"经验"与"经历"语义不同。

在教学过程中,教材、词典释义应准确详细,例句应典型,难度适合留学生汉语水平。如"经验"应根据实际使用情况,只标注其名词词性,不再标注动词词性,以免引起学习者产生词功能误推。同时避免以词释词的情况,尽量采用简单句进行释义。例句搭配要选取汉语使用频率较高的,可参考 MI 值较高的搭配。汉语教师也应结合学生偏误针对性加强辨析,如可根据日语母语者特异性偏误针对性强化目标词在汉语和日语中用法和搭配的不同之处,减少学生受母语特定用法的干扰而产生的负迁移。

参考文献

付冬冬.英日韩学习者汉语易混淆词"提高""改善"考察 [J].现代语文,2017 (5).

李美香.汉韩同形词语义对应的分析方法及等级划分 [J].汉语学习,2015 (4).

李新.经验性及经验的回归与超越:"历验"、"体验"与"经验"的比较分析 [J].东北师大学报(哲学社会科学版),2016 (6).

刘晓颖,郭伏良.对外汉语易混淆词教学中的问题及改进策略 [J].河北大学学报(哲学社会科学版),2010 (4).

孟凯.外向型词语辨析词典的搭配设计原则 [J].汉语学习,2014 (4).

钱旭菁.易混淆词辨析词典配例设计研究 [J].云南师范大学学报,2015 (2).

申旼京.韩语背景学习者汉语词语混淆的母语影响因素研究 [D].北京:北京语言大学,2011.

苏英霞.汉语学习者易混淆虚词的辨析视角 [J].汉语学习,2010 (2).

萧频,刘竹林.印尼学生特异性汉语易混淆词及其母语影响因素探析 [J].华文教学与研究,2013 (1).

杨玉玲,杨艳艳.汉语学习词典调查分析及编写设想 [J].现代语文,2019 (2).

张博.第二语言学习者汉语中介语易混淆词及其研究方法 [J].语言教学与研究,2008 (6).

张博.同义词、近义词、易混淆词:从汉语到中介语的视角转移 [J].世界汉语教学,2007 (3).

张博.针对性:易混淆词辨析词典的研编要则 [J].世界汉语教学,2013 (2).

张连跃.英语背景 CSL 学习者特异性词语混淆探因及对策 [J].汉语学习,2014 (5).

赵杨.外语教学法的演进:从方法到原则 [J].国际汉语教学研究,2017 (1).

周琳,萨仁其其格.蒙古学习者特异性汉语易混淆词及其母语影响因素 [J].语言文字应用,2013 (1).

周容存.对外汉语易混淆词教学研究 [D].济南:山东师范大学,2021.

周小兵.汉语教材词汇研究 [M].北京:商务印书馆,2022.

李瑞,北京语言大学教师教育学院,100083
2510020506@qq.com
周小兵,北京语言大学教师教育学院,100083
cslzxb@qq.com

词汇丰富性对汉语学习者不同文体写作质量的影响①

张 念 黄晨欣 倪 竞

提 要：词汇丰富性被广泛用于评估二语的写作质量。本研究以词汇丰富性所包含的词汇多样性、词汇复杂性、词汇密度和词汇错误为测量指标，以 HSK 动态作文语料库中的记叙文和议论文各 62 篇为研究语料，分析了词汇丰富性在记叙文与议论文中的表现以及词汇丰富性对两种文体写作成绩的影响。研究发现：第一，在记叙文写作中，不同写作成绩组之间的词汇多样性、复杂性和词汇错误呈现显著差异；第二，在议论文写作中，不同写作成绩组在词汇丰富性的各维度上均未呈现显著差异；第三，词汇错误和词汇复杂性可预测记叙文写作质量，而实词数和词种数则可预测议论文写作质量。基于研究发现，本文对记叙文和议论文写作评估与教学提出了可行性建议。

关键词：词汇丰富性；写作质量；记叙文；议论文；汉语学习者

1 引 言

随着国际中文教育的不断发展，国际学生汉语写作能力的培养与提升显得日益重要。近年来，汉语二语写作实证研究主要集中在写作质量评估研究（李春琳，2017；王艺璇，2017；吴继峰，2019）和二语写作能力发展研究（莫丹，2015；吴继峰，2016；张娟娟，2019），而词汇知识是上述两类研究的重要内容。词汇是测量二语学习者语言水平的有效指标，其中，词汇丰富性是衡量二语写作整体语言水平的重要指标（Laufer，Nation，1995），是考察写作质量与词语使用关系的重要工具（Lu，2012）。

记叙文与议论文是两种具有不同社交功能的文体，也是汉语二语学习者需要学习和掌握的基本文体。不同文体词汇的使用会有较大的差别，文体也是影响语言测试的重要因素，直接影响作文的成绩。

① 本文为 2023 年中山大学校级教学质量工程项目"中文系汉语言融合式人才培养模式综合改革试验"的成果。

近年来，通过词汇丰富性来测量二语写作质量的研究越来越受到关注，但是针对汉语二语学习者写作词汇丰富的研究，鲜有区分文体的。本研究旨在前人研究的基础上，考察词汇丰富性对汉语学习者不同文体写作质量的影响，并在此基础上对不同文体的词汇教学提出建议。

2 文献综述

关于词汇丰富性的测量维度，研究者的观点并不一致。Laufer（1991）将词汇独特性、词汇密度、词汇复杂性、词汇变化性作为词汇丰富性的测量维度；Engber（1995）将词汇错误纳入词汇丰富性的测量范围；Laufer 和 Nation（1995）提出"词频概貌"也是词汇丰富性的测量维度之一。在二语写作背景下，Read（2000：200 – 201）提出词汇变化性（也称词汇多样性）、词汇密度、词汇复杂性和准确性为测量词汇丰富性的四个维度，成为大部分研究采用的测量维度。

在英语二语写作研究中，Engber（1995）和秦晓晴、文秋芳（2007：93 – 95）发现词汇变化性与词汇复杂性与作文成绩呈正相关；Linnarud（1986：5 – 12）、Hyltenstam（1988）和 Engber（1995）指出词汇密度与二语写作质量无关，但是朱慧敏、王俊菊（2013）的研究显示中国大学英语专业一至四年级学生作文中的词汇密度呈直线增长趋势；Engber（1995）、何华清（2009）与王海华、周祥（2012）的研究表明词汇错误和写作质量呈负相关。

词汇丰富性与英语二语写作质量相关性的研究引发了汉语二语写作的相关研究。莫丹（2015）发现词汇多样性、词汇复杂性、词汇密度与学习者的写作质量关系较为密切；吴继峰（2016）发现词汇变化性、词汇复杂性、词汇错误与写作成绩显著相关，并指出 Halliday（1985）词汇密度计算公式不适合汉语词汇密度的测量；李春琳（2017）的研究显示词汇复杂性与议论文写作质量呈显著相关，但是词汇密度与议论文写作质量无显著相关；张娟娟（2019）发现词汇多样性和词汇复杂性与记叙文写作质量显著相关，词汇错误与记叙文写作质量的相关性不显著。

关于文体与二语写作的关系，Kormos（2011）、Lu（2012）的研究表明英语二语学习者议论文写作的词汇复杂度和句法复杂度都显著高于记叙文写作。文体与汉语二语写作关系研究起步较晚，但也得出了一些初步的结论。袁芳远（2010）的研究发现文本对写作输出的质与量均有影响，叙述文的准确度高于论说文，论说文的复杂度高于叙述文。吴继峰（2019）指出对于中高级水平的学习者来说，议论文更适合用来了解学生的词汇水平及评价写作能力，写景记叙文更适合用来考察学生的词汇多样性和复杂名词短语的使用情况，写人记叙文更适合用来检验学习者对汉语话题链的掌握情况。师文、陈静（2019）的研究表明汉语二语文本语言特征的不同维度与文体的关联不均衡，词汇与句法对文体的表征呈现"跛脚效应"，词汇的复杂性、流利性更易于区分不同文体。

前人的研究推动了汉语二语词汇丰富性与写作教学的发展。但是，从上述研究可见，词汇丰富性的四个维度与写作质量的相关性不一致，有的维度的研究结论也不相同。文体与二语写作关系的研究并不多，主要考察记叙文和议论文两种文体，而且考察的维度各有侧重。吴继峰（2019）针对韩国学生，通过语言复杂性、正确性和流利性三个维度14个测量指标考察上述两种文体语言特征的对比；师文、陈静（2019）则通过词汇、句法的复杂性、准确性和流利性三方面考察不同文体写作的特征。因此，有必要继续探讨词汇丰富性不同维度与写作质量之间的关系，同时加入文体这一影响作文成绩的重要因素进行考察。

3 研究设计

3.1 研究问题

（1）记叙文和议论文中的词汇丰富性各自有何特征？不同成绩组、不同文体之间是否存在显著差异？

（2）词汇丰富性对记叙文和议论文写作质量有什么影响？影响有什么不同？

3.2 语料来源

本研究的语料来源于北京语言大学HSK动态作文语料库（2.0版）（以下简称"HSK语料库"）。该语料库为参加高等汉语水平考试（HSK）作文考试的答卷语料库，共收集作文11569篇，共计424万字。

3.3 语料处理

首先，将HSK语料库中抽样的作文转写为Word文档，再使用"中文助教"软件对语料进行分词并划分词汇难度等级和词性，经过人工校对后，统计出每篇语料中的实词、虚词，甲、乙、丙、丁四级词和大纲未收录词的数量。其次，使用"语料库在线"网站的"字词频统计"功能，统计出每篇语料中的总词数和词种数并进行人工校对；之后参考HSK语料库中对作文词汇错误的标注，将每篇作文的词汇错误逐一标注。再次，使用Excel，通过公式进行数据演算，得出词汇多样性、词汇复杂性、词汇密度和词汇错误的数据。最后，将数据放进SPSS 26.0进行独立样本T检验、方差分析、相关分析及回归分析。

3.4 词汇丰富性测量指标

3.4.1 词汇多样性测量指标

词汇多样性指在写作中使用多种不同的词，如同义词、上位词和其他关系的词，而避免重复使用某些词。词汇多样性测量常用指标有类符形符比（TTR，Type-Token Ration），以及Jarvis（2002）提出的U值（Uber index）。前人研究大部分都采用后者测量词汇多样性，因为其更利于测量400字以下的文本。本研究所选取的语料绝大部分都在400字以内，因此本研究也选用U值，其公式为：$U = (\log Tokens)^2 / (\log Tokens - \log Types)$。$U$值越高，代表词汇越多样化。

3.4.2 词汇复杂性测量指标

词汇复杂性指在写作中使用低频词的比例。参考吴继峰（2018）等人的研究，按照《汉语水平词汇与汉字等级大纲》（2001）（以下简称《大纲》）将词汇分为甲、乙、丙、丁和超纲五个词汇等级，测量非甲级词占总词数的比例。

计算公式为：

词汇复杂性 =（非甲级词总数/总词数）×100%。

非甲级词占比越高，代表词汇越复杂。

3.4.3 词汇密度测量指标

词汇密度指文本中实词与总词数的数量比（Ure，1971：27–48）。本研究以《现代汉语》（增订第六版，下册：9–25）的分类为标准，将名词、动词、形容词、区别词、数词、量词、副词、代词、拟声词和叹词均划入实词范围。词汇密度计算公式为：

词汇密度 =（实词总数/总词数）×100%。

实词占比越高，代表词汇越密集。

3.4.4 词汇错误测量指标

词汇错误考察词汇偏误情况。本研究所使用的 HSK 语料库已将词汇错误分为误用、多词、少词、外文词错误和离合词错误。本研究在语料库原有标记的基础上，对 124 篇作文进行补充标记，补充标记后的统计结果显示，本研究考察的 124 篇作文未出现外文词错误和离合词错误，故本研究仅考察词汇错误中误用、多词和少词错误。为便于比较，本研究统计的是每 100 词中词汇偏误的情况，计算公式为：

词汇错误 =（词语偏误数量/总词数）×100%。

词语偏误占比越高，则词汇错误越多。

3.5 统计方法

由于各指标均近似服从正态分布，

因此本研究综合采用了方差分析、卡方检验和回归分析方法，对数据进行分析。具体来说，本研究以词汇多样性指标 U 值、词汇复杂性、词汇密度、词汇错误等指标为因变量，分别以成绩水平分组、文体分组为自变量进行方差分析。

4 结果与讨论

4.1 记叙文词汇丰富性特征

本研究以间隔 10 篇为等距，抽取题目为《记对我影响最大的一个人》记叙文 62 篇，依据成绩高低，设 55～65 分为低分组，70～80 分为中分组，85～95 分为高分组。这 62 篇记叙文的词汇总数范围为 151～420，平均数为 263.15，标准差为 56.29。

4.1.1 记叙文词汇多样性

不同成绩组 U 值的描述统计见表 1。

表 1 不同成绩组 U 值的描述性统计

成绩组	作文数量	平均数	标准差
低分组	23	21.15	2.49
中分组	20	22.43	5.80
高分组	19	26.90	6.30

U 值方差分析的结果显示，不同分数组之间的词汇多样性 U 值存在显著差异（$F_{(2,59)} = 6.979$，$p = 0.002$）。事后检验结果显示，高分组作文的词汇多样性显著高于低分组（$p = 0.004$），高分组和中分组之间的词汇多样性 U 值的差异也显著（$p = 0.03$），而低分组和中分组之间的词汇多样性 U 值无显著差异（$p =$

0.71）。

这说明，汉语学习者达到较高写作水平时，作文中词汇多样性程度也会提高，词汇使用更加多样化；在低中水平阶段，学习者词汇多样性无较大改变。

通过从高分组和低分组分别选取的两段文字，可以看出词汇多样性差异的具体表现。以下两段文字均是围绕"他人如何影响着自己"这一中心观点进行描述：

（1）和他认识久了，我慢慢学他的优点，我内向的性格慢慢改变为外向，现在我跟他见面，我要做什么，那就是他要做什么的了。（低分组 J17）

（2）我非常崇拜他的勇敢，认真处事，对孩子严格要求训练，在多方面培养我们的独立性和判断力，为追求真理而不屈不挠和顽强的意志力、责任心。（高分组 J60）

从以上两段文字可以看出，低分组例（1）包含 37 个形符，24 个类符，词汇和句式都比较简单，只是用基本的词汇描述自身的变化，句式使用还出现了使用不当的情况。相较而言，高分组例（2）中包含 32 个形符，29 个类符，能够使用语义更加准确的词汇进行表达，用"崇拜"来描述自己的心理，用"不屈不挠""顽强"描述他人的品格，更能突出人物形象及情感；使用了"对……"和"为……而"比较高级的句式串联词汇。

4.1.2 记叙文词汇复杂性

不同成绩组词汇复杂性的描述统计见表 2。

表 2　不同写作成绩组词汇复杂性的描述性统计

成绩组	作文数量	平均值/%	标准差
低分组	23	19.59	5.21
中分组	20	23.30	10.22
高分组	19	29.41	8.31

表 2 方差分析的结果显示，不同分数组之间词汇复杂性存在显著差异（$F_{(2,59)} = 7.789$，$p = 0.001$）。分别对三个分数组的词汇复杂性进行两两比较，结果显示，高分组作文的词汇复杂性显著高于低分组（$p = 0.000 < 0.05$），但高分组和中分组（$p = 0.069$）、中分组和低分组之间的词汇复杂性之间没有显著差异（$p = 0.328$）。

这说明，汉语学习者达到较高写作水平时，作文中词汇复杂性程度也会提高。另一方面，低、中、高分组学生使用甲级词占比平均数分别为 80.41%、76.7%、70.59%，三组作文中的甲级词都占有相当大比重，高分组复杂词的使用情况显著好于中、低分组，但在整篇作文中所占比重仍然偏低，学习者产出性词汇量不足，词汇运用能力仍待提高。

4.1.3 记叙文词汇密度

不同成绩组词汇密度的描述统计见表 3。

表 3　不同成绩组词汇密度的描述统计

成绩组	作文数量	平均数/%	标准差
低分组	23	79.65	2.45
中分组	20	81.04	2.69
高分组	19	79.76	3.05

对表 3 的三个分数组进行方差分析

显示，不同分数组之间词汇密度无显著差异（$F_{(2,59)} = 1.337$，$p = 0.270 > 0.05$）。这与鲍贵（2008）的研究结论存在一致性：词汇密度不能有效区分水平差异较小的组别。与其研究结果不一致的是：本研究中分组词汇密度平均数（0.810）大于高分组词汇密度平均数（0.798）；鲍贵（2008）则指出从低水平组到高水平组，词汇密度呈现出发展的趋势。出现这一差异的原因可能有二：第一，中英文的语言差异。虚词是汉语句子的重要组成部分，实词的使用量并不能直接表明写作者水平较高。第二，本研究考察作文的词语、句子及语篇的错误，在一定程度上会影响到词汇密度的统计结果。这两点可能造成中分组的词汇密度高于高分组。下面举例说明：

（3）他的什么地方都大，个子也高，眼睛也大，声音也大。（中分组 J12）

（4）我爸爸高高的个子，长得结实不是很胖，方方的脸和严厉的一双眼睛。（高分组 J61）

例（3）（4）属于人物的外貌描写。通过公式（实词数/总词数）我们可以算出，例（3）、例（4）的词汇密度分别为 0.93（14/15）、0.76（16/21）。对比两个句子，明显能感觉到例（4）中的词汇更加丰富，描写也更加生动，但由于例（4）运用了多个定中短语和中补短语，导致虚词数量增加，因此计算得出的结果显示例（4）的词汇密度低于例（3）。

4.1.4　记叙文词汇错误

不同成绩组词汇错误的描述统计见表4。

表 4　不同成绩组词汇错误的描述统计

成绩组	作文数量	平均数/%	标准差
低分组	23	6.53	3.45
中分组	20	3.55	2.23
高分组	19	2.80	2.06

对表 4 的三个分数组进行方差分析显示，不同分数组之间词汇错误存在显著差异（$F_{(2,59)} = 11.404$，$p = 0.000$）。分别对三个分数组的词汇错误进行两两比较发现，高分组和低分组词汇错误差异显著（$p = 0.000$），高分组作文的词汇错误显著低于低分组；中分组和低分组的词汇错误也有显著差异（$p = 0.004$），中分组作文的词汇错误显著低于低分组；中分组和高分组的词汇错误无显著差异。这说明，随着学习者水平的提高，输出的词汇错误不断减少。

我们对不同分数组学习者词汇错误的类型及分布进行统计，结果如表 5 所示。

表 5　不同分数组词汇错误类型及分布

错误类型	低分组数量（比例）	中分组数量（比例）	高分组数量（比例）
误用	154（43.14%）	81（40.5%）	85（55.2%）
多词	86（24.09%）	46（23%）	26（16.89%）
少词	117（32.77%）	73（36.5%）	43（27.92%）

注：表中前一数字为单一类型词汇错误数量，括号内为该词汇错误数量占词汇错误总量的百分比。

从表 5 可以看出，三组学习者的错误类型不太一样。卡方检验的结果显示三组之间存在边缘显著（$df = 4$，$\chi^2 = 9.275$，$p = 0.055$）。高分组学习者能够很好地规避因多词或少词而造成的错误，词汇错误更多集中在误用，主要表现为易混淆词语。如：

（5）认识了她就像开阔了自己的眼界。（应改为"视野"）（高分组 J51）

（6）父亲一生很快乐，注重友情，乐意帮忙朋友。（应改为"帮助"）（高分组 J53）

这表明水平较高的学习者词汇量增加的同时，易混淆词也大量出现，这些词语在搭配及语义上都存在差异。学习者尝试用这类词语进行更精细的表达，却由于不清楚词语间的细微差别而导致错误。

4.2 议论文词汇丰富性特征

本研究以间隔10篇为等距，抽取题目为《绿色食品与饥饿》议论文62篇，依据成绩高低，设55～65分为低分组，70～80分为中分组，85～95分为高分组。这62篇议论文的词汇总数范围为120～343，平均数为207.68，标准差为43.53。

4.2.1 议论文词汇多样性

不同成绩组 U 值的描述统计见表6。

表6 不同成绩组 U 值的描述性统计

成绩组	作文数量	平均数	标准差
低分组	33	21.03	4.81
中分组	21	20.98	3.60
高分组	8	22.84	4.50

对表6的三个分数组进行方差分析

显示，不同分数组之间词汇多样性 U 值无显著差异（$F_{(2,59)} = 0.606$，$p = 0.594$）。导致这一现象出现的原因可能是学习者对"绿色食品与饥饿"这一话题并不熟悉，受该话题的限制，学习者无法输出多样化的词汇，进而导致不同水平的学习者在词汇多样性上没有表现出显著的差异。

4.2.2 议论文词汇复杂性

不同成绩组词汇复杂性的描述统计见表7。

表7 不同成绩组词汇复杂性的描述统计

成绩组	作文数量	非甲级词占比/%	标准差
低分组	33	28.81	4.22
中分组	21	28.08	4.11
高分组	8	28.01	4.88

对表7的三个分数组进行方差分析显示，不同分数组之间词汇复杂性无显著差异（$F_{(2,59)} = 0.234$，$p = 0.792$）。出现这一现象的原因可能同样是由于对写作话题不熟悉，学习者在写作过程中尽量使用一些简单词来表达自己的观点，以避免出现表达不清楚的现象。

4.2.3 议论文词汇密度

不同成绩组词汇密度的描述统计见表8。

表8 不同成绩组词汇密度的描述统计

成绩组	作文数量	平均数/%	标准差
低分组	33	79.18	3.31
中分组	21	78.33	2.61
高分组	8	80.78	3.20

对表 8 的三个分数组进行方差分析显示，不同分数组之间词汇密度无显著差异（$F_{(2,59)} = 1.853$，$p = 0.166$）。

4.2.4 议论文词汇错误

不同成绩组词汇错误的描述统计见表 9。

表 9 不同成绩组词汇错误的描述统计

成绩组	作文数量	平均数/%	标准差
低分组	33	4.89	3.11
中分组	21	4.70	3.53
高分组	8	4.36	4.23

对表 9 的三个分数组进行方差分析显示，不同分数组之间词汇错误无显著差异（$F_{(2,59)} = 0.084$，$p = 0.920$）。

4.3 记叙文与议论文词汇丰富性特征比较

本研究对比了两类文体在词汇丰富性四大指标上的差异，各指标的描述统计见表 10。方差分析的结果显示两类文体在词汇密度（$F_{(1,122)} = 3.498$，$p = 0.064$）和词汇错误（$F_{(1,122)} = 0.329$，$p = 0.567$）上无显著差异，但在词汇多样性（$F_{(1,122)} = 5.217$，$p = 0.024$）与词汇复杂性（$F_{(1,122)} = 13.877$，$p = 0.000$）上有差异。

表 10 记叙文与议论文各指标的描述性统计

指标	文体	作文数量	平均数	标准差
词汇多样性*	记叙文	62	23.31	5.63
	议论文	62	21.24	4.37
词汇复杂性**	记叙文	62	23.80	8.90
	议论文	62	28.46	4.22
词汇密度	记叙文	62	80.13	3.05
	议论文	62	79.10	3.12
词汇错误	记叙文	62	4.42	3.13
	议论文	62	4.76	3.35

注：* 代表在 0.05 水平上显著，** 代表在 0.01 水平上显著。后同。

由表 10 可知，两种文体词汇多样性 U 值的平均数排序为记叙文 > 议论文，记叙文的词汇多样性显著高于议论文。这与吴继峰（2019）的研究结果不一致，其研究显示议论文写作的词汇多样性显著高于写人记叙文，学习者在议论文写作中更倾向于使用多元化的词语来论证自己的观点。造成这一差异的原因可能是学生对话题的熟悉度不同。在本研究中，与议论文"绿色食品与饥饿"相比，学生对记叙文"记对我影响最大的一个人"的熟悉度更高。在记叙文写作过程中，学生可以运用外貌、心理等多种表现手法来记叙抒情，使用到的词汇也就更加多元化。但在议论文写作中，受话题熟悉度限制，学习者可输出的词汇有限，无法对"绿色食品"和"饥饿"这两个概念进行多维度论述，造成议论文词汇多样性的偏低。

由表 10 还可知,两种文体非甲级词占比的平均数排序均为议论文 > 记叙文,议论文的词汇复杂性显著高于记叙文。这一结果的产生与写作文体的特征有很大关系。在记叙文写作的过程中,学习者聚焦于人的行为来对日常生活进行描写,文章中会频繁出现人称代词和贴近生活的简单词汇;在议论文写作的过程中,学习者需要运用有条理的文字来表达自己的抽象思维,文章中也会出现较多抽象词汇。

为进一步探究不同文体五个等级词汇使用的具体情况,本研究将两种文体五个不同等级词汇的使用情况进行了汇总(表 11)。

表 11 记叙文与议论文不同等级词汇及分布

词汇等级	文体	作文数	使用数量平均数	占比平均数/%	t	p
甲级词	记叙文	62	198.08	76.10	6.843	0.000 **
	议论文	62	147.53	70.87		
乙级词	记叙文	62	28.55	10.97	−2.253	0.026 *
	议论文	62	32.82	15.77		
丙级词	记叙文	62	8.10	3.11	−3.673	0.000 **
	议论文	62	11.53	5.54		
丁级词	记叙文	62	7.56	2.90	2.628	0.01 **
	议论文	62	5.76	2.77		
《大纲》未收录词	记叙文	62	18.00	6.92	3.963	0.000 **
	议论文	62	10.52	5.05		

由表 11 可知,学习者在记叙文写作中,五个等级词汇使用数量多少排序为甲级词 > 乙级词 > 《大纲》未收录词 > 丙级词 > 丁级词;在议论文写作中,五个等级词汇使用数量多少排序均为甲级词 > 乙级词 > 丙级词 > 《大纲》未收录词 > 丁级词。两种文体均是甲级词使用频率最高,丁级词使用频率最低。独立样本 T 检验结果表明:记叙文和议论文在五个等级词汇的使用上均呈现显著差异。记叙文中使用的甲级词、丁级词和《大纲》未收录词的数量显著多于议论文,其中《大纲》未收录词主要为这几类高级词语:一是成语,如"含辛茹苦""不屈不挠""闷闷不乐""无精打

采"等;二是语块和连贯词,如"责任感""成就感""不得不""以至于""乃是"等;三是地名和宗教词语,如"汉城""佛陀""菩提"等。议论文中使用的乙级词、丙级词的数量显著多于记叙文。

4.4 词汇丰富性对记叙文写作质量的影响

为考察词汇的多样性、复杂性、密度和词汇错误这四个指标对记叙文写作成绩的贡献程度,我们采用逐步回归分析,结果见表 12 和表 13。

表12　记叙文多元线性逐步回归结果摘要（$n=62$）

模型	进入变量	R	R^2	调整 R^2
1	错误	0.564	0.318	0.307
2	复杂性	0.651	0.424	0.405

表13　各因素回归系数

模型		非标准化系数		标准化系数	t	sig
		B	标准误			
1	（常量）	84.015	2.232	—	37.649	0.000
	词汇错误	−2.183	0.413	−0.564	−5.29	0.000
2	（常量）	71.292	4.372	—	16.308	0.000
	词汇错误	−1.804	0.399	−0.466	−4.518	0.000
	词汇复杂性	0.464	0.14	0.341	3.303	0.002

结果表明，词汇错误可以解释写作成绩总变异的30.7%，词汇复杂性能额外解释写作成绩总变异的9.8%，但词汇多样性、词汇密度则未进入回归方程。可见在词汇丰富性的四个维度中，词汇错误对写作成绩的预测力度最大，其次是词汇复杂性。这一结论与张娟娟（2019）得出的结论不完全一致。这可能跟两者选取语料及处理语料的方式不同有关。张娟娟（2019）的研究语料来自88名东南亚留学生的限时作文，她的研究发现，除词汇错误以外，词汇的多样性和复杂性对作文成绩有良好的预测作用，且词汇复杂性对写作成绩的影响更大。

4.5　词汇丰富性对议论文写作质量的影响

首先，我们采用逐步回归方程分析词汇的多样性、复杂性、密度和词汇错误等四个指标对写作成绩的贡献，结果显示这四个指标的预测系数均不显著。因此，本文认为需要将四个指标拆分为更微观的文本指标。于是，本文将词汇丰富性的四个维度所涉及的具体的11个因素（总词数、词种数、实词数、甲级词数、乙级词数、丙级词数、丁级词数、《大纲》未收录的词数、误用错误、多词错误、少词错误）放入逐步回归方程，考察每个自变量对写作成绩的贡献程度，结果见表14。

表14　议论文多元线性逐步回归结果摘要

模型	进入变量	R	R^2	调整 R^2
1	实词数	0.557	0.311	0.299
2	词种数	0.611	0.374	0.353

由表14可知，在多元线性逐步回归中，只有实词数和词种数进入了回归方程。实词数可以解释写作成绩总变异的29.9%，词种数能额外解释写作成绩总变异的5.4%。可见，在词汇丰富性四个维度所包含的具体因素中，实词数对

写作成绩的预测力度最大，其次是词种数。这说明在本研究所抽取的议论文中，文章所用实词越多，即文章内容所包含的信息越多，作文分数也会相应越高。

表 15 显示，在模型 2 中，实词数（$t = 2.547 > 2$）和词种数（$t = 2.440 > 2$）均为有效的参数项，因此我们可以据此数据建立回归方程：

写作成绩 $= 37.672 + 0.099 \times$ 实词数 $+ 0.135 \times$ 词种数。

表 15　各因素回归系数

模型		非标准化系数		标准化系数	t	sig
		B	标准误			
1	（常量）	42.497	5.198	—	8.175	0.000
	实词数	0.161	0.031	0.557	5.199	0.000
2	（常量）	37.672	5.373	—	7.011	0.000
	实词数	0.099	0.039	0.344	2.547	0.014
	词种数	0.135	0.055	0.330	2.440	0.018

上述分析表明词汇丰富性的四个维度并不能有效预测议论文写作成绩，但实词数和词种数是预测议论文写作成绩的有效指标。下面结合一篇学生作文片段进行具体分析。

（7）现在时代不同了，人们比较关心吃什么，而不是吃饱。其实，现在很多食品都不能放心食用，如含防腐剂的食品、含人工色素的食品等，吃多了对人们的身体也没有什么好处。而且加上现在的农作物大部分都采用化肥和农药，有些甚至是基因突变种植的，我们还能放心地吃这些食品吗？（Y61）

例（7）用三句话，从时代变化、食品加工危害、农作物使用化肥农药这三个角度介绍了为什么人们喜欢吃绿色食品。段落层次清晰，用词简洁且内容丰富。选段共有74个词，但只使用了15个虚词，且这些虚词不仅仅是结构助词和语气助词，还含有连接句子的连词，如"而且""甚至"等。选段内容充实，逻辑清晰，从片段便可看出作者的语言表达能力较强，故作文的分数为95分，属最高分数段。

（8）在世界每个国家的经济情况不一样，对于在经济发达的国家来说，所有的条件都丰富，随着经济发达，人民的生活素质也提高了，所以可以考虑到吃的东西的质量问题，相反，对于非常穷的国家来说呢，问题不是在吃什么东西位子，是在吃够不够的位子。（Y3）

例（8）表明观点"绿色食品与饥饿的重要性在不同国家有所区别"。选段共有62个词，使用了19个虚词，同例（7）相比，实词数量偏低，且在出现的43个实词中，词种数仅为35。实词数量的匮乏以及重复，使这段话读起来显得冗余，且大量词汇错误，使得表意不明，直接影响作文评阅，故作文的分数为55分，分数较低。

上述研究显示，词汇丰富性四个维度对议论文写作质量均没有显著的预测作用，这与前人的研究有较大出入。本研究认为造成这一现象的原因主要有以下几点：一是本研究只探讨词汇丰富性对写作质量的影响，并没有考察内容、语法等维度，对议论文写作而言，内容、语法等维度对写作成绩的影响更加显著。这一点在吴佩、邢红兵（2020）的研究中得到证实，其研究表明内容特征对二语写作质量的影响要大于词汇特征。二是词汇丰富性各维度测量方法不相同，如吴继峰（2018）的研究中，词汇错误不仅考察语义错误，还考察形式错误，即由错别字和易混淆字引起的错误，而本研究则不将形式错误纳入考察范围；再如罗耀华、段宇翔（2019）的研究，对复杂词的界定为《大纲》中的丙级词、丁级词和纲外词，而本研究中的复杂词指的是非甲级词。三是议论文类型的选取，本研究选取的议论文题目为《绿色食品与饥饿》，涉及两个主题，即"绿色食品"和"饥饿"，学生不仅要对绿色食品进行论述，还要对饥饿问题进行论述，最后还得阐述二者关系并提出自己的观点，写作难度较大，限制了学生词汇的输出，难以区分学生的写作水平；而前人研究中选取的议论文题目多为单一主题，如《如何看待安乐死》《我看流行音乐》《网络教育的利弊》等，学生只需对一件事物发表看法，写作难度相对较小，词汇输出空间更大，也更能区分不同文章的写作质量。四是选取的议论文分数分布较为集中，由于写作题目较难，学生的作文成绩较集中于 60 ～ 70 分，写作成绩差异不显著，进而导致词汇丰富性的四个维度对写作成绩的预测不显著。

5 结论与启示

本研究从词汇多样性、词汇丰富性、词汇密度和词汇错误四个维度考察了不同水平的汉语学习者在记叙文和议论文写作中词汇丰富性的特征，以及词汇丰富性与写作质量之间的关系。研究结果显示：①在记叙文写作中，不同写作成绩组之间的词汇多样性、复杂性和词汇错误呈现显著差异。作文水平越高，词汇多样性和复杂性越好，词汇错误越少；但词汇密度在不同水平上无显著差异。②在议论文写作中，不同写作成绩组之间在词汇丰富性的各维度上均未呈现显著差异。③记叙文的词汇多样性显著高于议论文，议论文的词汇复杂性显著高于记叙文。④词汇错误和词汇复杂性可以显著预测记叙文写作质量，实词数和词种数可以显著预测议论文写作质量。

本研究对汉语二语记叙文与议论文写作教学的启示主要有三方面：①在记叙文写作中，教师应该更加关注学生作文中的词汇错误，加强易混淆词语的辨析与使用；②不论记叙文还是议论文，教师应当鼓励学生多使用非甲级词，提升词汇多样性与复杂性，从而提高写作成绩；③教师在教学过程中可以通过词汇丰富性的特点，帮助学生区分记叙文和议论文的文体特征，如记叙文是要把人或事描写得生动，而议论文是要用简洁的语言阐述观点。

参考文献

鲍贵.二语学习者作文词汇丰富性发展多纬度研究［J］.外语电化教学，2008（5）.

何华清.非英语专业学生写作中的词汇错误分析［J］.外语界，2009（3）.

李春琳.汉语二语学习者产出型词汇水平和写作质量相关关系分析［J］.华文教学与研究，2017（3）.

莫丹.华裔与非华裔汉语学习者产出性词汇知识差异及其对写作质量的影响［J］.云南师范大学学报（对外汉语教学与研究版），2015（5）.

罗耀华，段宇翔.不同母语背景汉语学习者书面产出词汇复杂性差异研究［J］.华文教学与研究，2019（3）.

秦晓晴，文秋芳.中国大学生英语写作能力发展规律与特点研究［M］.北京：中国社会科学出版社，2007.

师文，陈静.汉语二语写作语言特征的体裁差异研究［J］.汉语学习，2019（6）.

王海华，周祥.非英语专业大学生写作中词汇丰富性变化的历时研究［J］.外语与外语教学，2012（2）.

王艺璇.HSK作文成绩与句子长度、复杂度及语法错误的相关性［J］.汉语应用语言学研究，2015（1）.

吴继峰.英语母语者汉语写作中的词汇丰富性发展研究［J］.世界汉语教学，2016（1）.

吴继峰.语言区别性特征对英语母语者汉语二语写作质量评估的影响［J］.语言教学与研究，2018（2）.

吴继峰.韩国学生不同文体写作中的语言特征对比研究［J］.语言教学与研究，2019（5）.

吴佩，邢红兵.内容、词汇、篇章特征对汉语学习者二语作文质量的影响研究［J］.语言教学与研究，2020（2）.

袁芳远.课堂任务条件和篇章结构对输出语言质量和数量的影响［C］//第十届国际汉语教学研讨会论文选编辑委员会.第十届国际汉语教学研讨会论文选.沈阳：万卷出版公司，2010.

张娟娟.东南亚留学生记叙文词汇丰富性发展研究［J］.云南师范大学学报（对外汉语教学与研究版），2019（1）.

朱慧敏，王俊菊.英语写作的词汇丰富性发展特征：一项基于自建语料库的纵贯研究［J］.外语界，2013（6）.

ENGBER C A. The relationship of lexical proficiency to the quality of ESL compositions［J］. Journal of second language writing, 1995, 4（2）.

HALLIDAY M A K. Spoken and written language［M］. Victoria：Deakin University Press, 1985.

HYLTENSTAM K. Lexical characteristics of near-native second language learners of Swedish［J］. Journal of multilingual, multicultural development, 1988, 9（1–2）.

JARVIS S. Short texts, best-fitting curves and new measures of lexical diversity［J］. Language testing, 2002, 19（1）.

KORMOS J. Task complexity and linguistic and discourse features of narrative writing performance［J］. Journal of second language writing, 2011, 20（2）.

LAUFER B. The development of L2 lexis in the expression of the advanced learner［J］. The modern language journal, 1991, 75（4）.

LAUFER B, NATION P. Vocabulary size and use：Lexical richness in L2 written production［J］. Applied linguistic, 1995, 16（3）.

LINNARUD M. Lexis in composition：A performance analysis of Swedish learners' written English［M］. Lund：CWK Gleerup, 1986.

LU X F. The relationship of lexical richness to the quality of ESL learners' oral narratives［J］. The modern language journal, 2012, 96 (2).

URE J. Lexical density and register differentiation [C] //PERREN G, TRIM J. Applications of linguistics: Selected papers of the second international congress of applied linguistics. Cambridge: Cambridge University Press, 1971: 443 – 452.

READ J. Assessing vocabulary [M]. Cambridge: Cambridge University Press, 2000.

张念，中山大学中文系，510275

zhangn@ mail. sysu. edu. cn

黄晨欣，武汉市光谷第二小学，430200

463443513@ qq. com

倪竞，九江学院护理学院，332000

neatking2004@ 163. com

基于教学结构和过程的汉语阅读理解理论模型^①

郑艳群　王　艳

摘　要： 本研究旨在强调汉语阅读理解的关键作用，以及如何在教学中培养学生的阅读理解能力。我们使用已有关于汉语阅读教学的认知研究数据库，建立了结构和过程模型，分析了现有文献中涵盖阅读理解核心要素（阅读知识、阅读方式、阅读技巧与策略）的具体类别，以及它们在教学结构和过程中的分布和影响程度，建立了教学实施路径的理论模型。模型的建立可以帮助教师更有针对性地指导学生的阅读教学，提高他们的阅读理解技能，从而提高整体汉语水平。这一研究也为改进和创新汉语阅读教学提供了依据。

关键词： 汉语阅读理解；结构和过程；理论模型

1　引　言

　　阅读理解是阅读任务之一。阅读理解任务要求学生理解文本的内容、主题、结构、关键信息和可能的观点，以便有效地解释文本并回答相关问题。阅读理解任务旨在培养学生的阅读理解技能，使他们能够有效地处理和分析不同类型的文本，从中获取信息并理解作者的意图和观点。阅读理解可以包括从简单的理解文本主题到更复杂的分析和解释文本的内涵。这是教育过程中非常关键的阅读任务，因为它涵盖了广泛的阅读技能，包括理解、概括、推理、评估、关联信息等。学生在各种学科和领域中都需要具备强大的阅读理解能力，以便更好地学习和应对各种学术和实际挑战。

　　在汉语阅读理解领域，丰富的认知研究已经提供了大量的信息。通过运用数据挖掘和分析方法，我们能够在汉语教学情境中发现并解析学习活动中的问题以及相关的关键因素，从而更全面地理解汉语教学规律（郑艳群，2016）。通过建立模型，我们能够以系统而具体的方式更科学地理解教学过程（郑艳群，2020）。我们将基

　　① 本研究受教育部中外语言交流合作中心国际中文教育研究重点项目"全息论视角下的国际中文在线教学分析研究"（22YH48B）、北京语言大学重大基础研究专项"新时代国际中文教育模式创新研究"（21ZDJ03）资助，谨此致谢。

于文献①的认知研究构建模型，暂且称之为"理论模型"。本研究分为三个步骤进行：首先，建立"汉语阅读教学·文献样本数据库"，汇总关于汉语阅读教学结构和过程的文献。通过应用扎根理论和元分析方法，我们对阅读教学的构件、结构和过程信息进行了标注，从而构建了汉语阅读教学的理论模型。其次，运用扎根理论和元分析方法对现有的阅读理解认知研究进行标注，建立涵盖阅读理解核心要素的汉语阅读理解综合体系。最后，深入研究汉语阅读理解的教学实施路径和分布特征，构建阅读理解相关要素实施的理论模型。值得强调的是，在模型构建过程中，我们将使用支持率来反映各项研究的观点倾向。本研究将为汉语阅读教学的设计和实践提供关键依据，有助于教学评价、教学改进和创新的方向。

2 汉语阅读教学结构和过程的理论模型构建

在汉语阅读教学领域，专家学者对其结构和过程的描述有详细和简略之分。通过对文献样本的分析，我们可以发现汉语阅读教学进程具有明显的层次结构。从顶层出发，通过自上而下逐步求精可以描绘并推导出相应的模型。

建立汉语阅读教学的三大顶层环节及其内部中观层结构和过程的理论模型，将有助于深入理解汉语阅读教学的运作

方式，为研究汉语阅读理解实施路径打下坚实的基础。

2.1 构件系统的理论模型构建

根据已有文献的认知研究，并经过提炼、整合和标准化术语的处理，我们从汉语阅读教学中提炼出了三个顶层主要教学环节，分别为"阅读准备（Ⅰ）""阅读实施（Ⅱ）"和"拓展与总结（Ⅲ）"，我们分别用"读前（Ⅰ）""读中（Ⅱ）"和"读后（Ⅲ）"环节称之。然后，在这些顶层环节内部，可以找到各种教学要素和组件。我们从概念出发，根据现有研究的具体描述，对这三个主要教学环节所包含的中观层教学要素进行了详细分析，并通过提取、综合和术语标准化，建立了汉语阅读教学中观层构件的理论模型（图1）。②

根据图1可以看出："读前（Ⅰ）"环节包含五个中观层构件，分别是"导入课文（I）""讲练汉字（C）""讲练词汇（V）""讲练语法点（G）"和"训练技能（D）"；"读中（Ⅱ）"环节包含六个中观层构件，分别是"布置任务（A）""阅读课文（T）""课文练习（P）""讲解课文（E）""讲练词汇（V）"和"讲练语法点（G）"；"读后（Ⅲ）"环节包含三个中观层构件，分别是"拓展练习（X）""总结（S）"和"布置作业（H）"。

---

① 此处所指文献为正式公开发表的论文和出版物。

② 已有研究中共有13份文献涉及汉语阅读教学结构和过程论述，即张树昌、杨俊萱（1984），赵贤州、李卫民（1990），吴平（1995），陈田顺（1999），崔永华、杨寄洲（1997），陈昌来（2005），赵金铭（2006），周小兵、吴门吉、王璐（2007），吴华（2010），翟艳、苏英霞（2010），吴中伟（2014），刘颂浩（2016），杨惠元（2019）。文献中出现了16种关于构件、结构和过程的观点，用罗马字母对顶层基本环节进行赋码；用英文字母对顶层基本环节下中观层的构件进行赋码，构件代码取自相关名称（或术语）英文表达中有区别性特征或能起区分作用的大写字母。

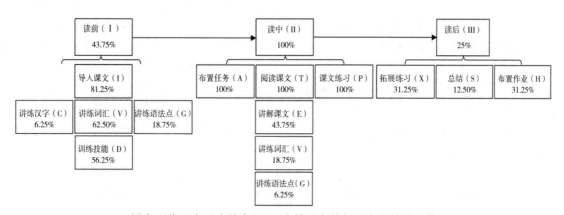

图中百分比为"支持率",即支持观点数与观点总数的比值

图 1　汉语阅读课教学顶层和中观层构件系统理论模型

顶层基本环节	中观层构件	中观层结构		中观层过程	
		类型	支持率/%	类型	支持率/%
读前（Ⅰ）	导入课文（Ⅰ）	Ⅰ	25	Ⅰ	25
	讲练汉字（C）	IVD	25	D–I–V	12.50
	讲练词汇（V）			D– V–I	6.25
	讲练语法点（G）			I– D– V	6.25
	训练技能（D）	IVGD	12.50	I– V–G–D	12.50
		IVG	6.25	I– V–G	6.25
		CVD	6.25	C–V– D	6.25
		VI	6.25	V– I	6.25
		DI	6.25	D–I	6.25
		DV	6.25	D– V	6.25
		—	6.25	—	6.25
读中（Ⅱ）	布置任务（A）	ATP	43.75	A–T– P	43.75
	阅读课文（T）	ATPE	37.50	A–T–E–P	25
	课文练习（P）			A–T– P–E	6.25
	讲解课文（E）			A–T– P–E	6.25
	讲练词汇（V）	ATPV	12.50	A–T– P– V– P	12.50
	讲练语法点（G）	ATPEVG	6.25	A–T– P–E–V–G	6.25
读后（Ⅲ）	拓展练习（X）	XH	18.75	X– H	18.75
	总结（S）	X	12.50	X	12.50
	布置作业（H）	H	6.25	H	6.25
		SH	6.25	S–H	6.25
		S	6.25	S	6.25
		—	62.50	—	62.50

图 2　汉语阅读教学顶层三大环节内部中观层结构和过程理论模型

3 基于结构和过程的汉语阅读知识教学实施路径构建

阅读是一个复杂的解码过程，而阅读理解的基础在于积累丰富的阅读知识。在汉语阅读教学中，我们将这些必要的知识简称为"阅读知识"。通过深入研究文献，运用扎根理论和元分析方法，我们发现尽管专家学者的观点虽各有不同，但可将阅读知识体系归纳为"语言文字知识（k_l）""文体和文学知识（k_s）""主题领域知识（k_t）"和"社会文化背景知识（k_b）"等四个方面。它们在不同教学环节中的教学和分布如表1所示。

表 1 阅读知识体系及其在教学中的分布　　　　　　　单位:%

阅读知识（k）		读 前					读 中					读 后		
		导入课文(I)	讲练汉字(C)	讲练词汇(V)	讲练语法点(G)	训练技能(D)	布置任务(A)	阅读课文(T)	课文练习(P)	讲解课文(E)	讲练词汇(V)	拓展练习(X)	总结(S)	布置作业(H)
语言文字知识（k_l）	汉字知识（k_{lc}）		15.38						23.08	30.77				
	词汇知识（k_{lv}）			76.92				7.69	92.31	92.31	23.08		15.38	30.77
	语法知识（k_{lg}）				53.85				69.23	76.92				23.08
文体和文学知识（k_s）		53.85								7.69				
主题领域知识（k_t）		38.46												
社会文化背景知识（k_b）		100							15.38	30.77				

说明：（1）表中数字均为支持率，即支持观点数与观点总数的比值。下同。
　　　（2）"读中"环节的"讲练语法点（G）"因文献中未展开介绍，故下文对该构件不做进一步分析。

3.1 阅读知识（k）的类别

以下是对阅读知识已有认知研究的归纳总结，包括主要类别及其在阅读结构和过程中的分布特点。这将有助于更好地指导阅读理解技能教学。

3.1.1 语言文字知识（k_l）

"语言文字知识（k_l）"涵盖了与阅读理解紧密相关的领域，包括汉字、词汇、语法等要素。在这方面，汉字知识被认为是汉语阅读的基础和前提。吴中伟（2014：186）强调，对于学习汉语的人来说，快速辨认汉字是阅读的首要挑战。词汇量也是阅读的重要影响因素，因此，积累词汇知识、扩展词汇量成为阅读教学的核心内容。翟艳、苏英霞（2010：219）建议，阅读教学课堂上的词汇学习以学习当堂的生词为主，同时补充相关词汇，旨在扩大词汇储备，从而减少语言障碍，促进阅读理解。翟艳、苏英霞（2010：182）还提到，在阅读过程中，正确识别字词、理解词句的意义，以及理解句子和段落之间的语义联系，都需要依赖相关的词汇和句法知识。因而在汉语阅读教学过程中要注重汉字、词汇、语法等语言文字知识的教学。

3.1.2 文体和文学知识（k_s）

"文体和文学知识（k_s）"涵盖了有关文章题材、样式和风格的知识。了解不同文体的结构具有多重益处，其中包括提高读者的预测能力，有助于读者更有效地分配注意力，提高阅读速度，以及更加高效地理解文章内容。周小兵等（2008：111）提到，掌握不同文体的写作方法和特点，也可以加强对文章内容和形式的理解和分析，从而提升阅读效率。孟繁杰和陈璠（2006：63）也指出，识别不同文体的文章，并根据各自的写作方式和特色来解读和分析其内容，能够增进阅读效率。此外，吴中伟（2014：188）特别指出，由于汉语的语篇结构大多具有相对固定的特点，了解语篇结构有助于读者从宏观角度理解文章的结构和主旨。因此，积累文体和文学知识在汉语阅读理解中扮演着重要的角色。

3.1.3 主题领域知识（k_t）

"主题领域知识（k_t）"指的是涉及特定主题或领域的专业知识。例如，在阅读一篇医学文章时，需要具备医学领域的相关知识，才能更好地理解内容。陈昌来（2005）曾举例道，京剧对许多

年轻的中国人来说已不十分熟悉，对于外国学生来说更显陌生。因此，为了使读者更好地理解文章，特别是涉及"京剧的衰落与振兴"这一主题时，有必要提供一些与京剧相关的主题领域知识，以便建立读者已有知识与阅读主题之间的关联。

3.1.4 社会文化背景知识（k_b）

"社会文化背景知识（k_b）"指的是在阅读理解过程中所需的各种知识，主要包括交际文化、习俗文化，以及历史、地理、文学、艺术、哲学等领域的知识，有助于理解文本中的文化和社会背景。刘颂浩（2016：141）特别提到，因为每种语言都包含着丰富的历史文化信息，文化背景知识的不足常常是阅读过程中的难点之一。在汉语阅读教学中，向学生介绍中国社会和文化的背景知识变得非常重要。

3.2 阅读知识教学的实施路径

为了研究阅读知识的实施规律，我们分析了不同阅读知识类别在阅读结构和过程中的分布和影响程度，进而建立了基于结构和过程的阅读知识实施路径的理论模型（图3）。

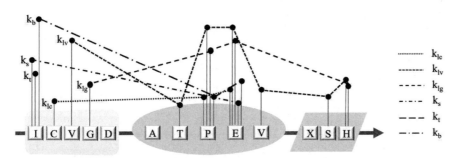

图3 基于结构和过程的阅读知识（k）类别及实施路径理论模型

通过研究汉语阅读教学文献数据库，我们得出以下结论：

（1）"阅读知识（k）"在阅读的不同阶段，包括读前、读中和读后环节都有分布。总体来看，在读前和读中环节的分布更为显著，不论是在类别还是支持率方面。

（2）四大阅读知识类别在教学进程的分布方面："语言文字知识（k_1）"贯穿了读前、读中和读后环节，尤其在读前和读中环节表现较为突出；"文体和文学知识（k_s）"和"社会文化背景知识（k_b）"仅在读前和读中环节中存在，其中在读前环节出现最为显著；"主题领域知识（k_t）"则只在读前环节出现。

（3）在各个环节内部的考察结果如下：①在读前环节，"语言文字知识（k_1）"主要分布在"讲练汉字（C）""讲练词汇点（G）"和"讲练词汇（V）"中，而"文体和文学知识（k_s）"及"社会文化背景知识（k_b）"主要分布在"导入课文（I）"中。这表明已有的认知研究认为，在读前阶段积累知识可以为阅读课文做好准备的观点具有较强的共识。②在读中环节，"语言文字知识（k_1）"主要分布在"讲解课文（E）""课文练习（P）"和"讲练词汇（V）"

中，"文体和文学知识（k_s）"只分布在"讲解课文（E）"中，而"社会文化背景知识（k_b）"分布在"讲解课文（E）"和"课文练习（P）"中。这表明在读中环节，通常在读前环节积累知识的基础上，常结合所阅读的文本进一步积累知识。③在读后环节，"语言文字知识（k_1）"主要分布在"总结（S）"和"布置作业（H）"中，而在"拓展练习（X）"中没有出现；"文体和文学知识（k_s）""主题领域知识（k_t）"及"社会文化背景知识（k_b）"在读后环节均没有出现。

4 基于结构和过程的汉语阅读方式教学实施路径构建

阅读方式是影响阅读理解的重要因素，因为它们在阅读过程中起到关键的作用。教授和训练阅读方式是汉语阅读教学的核心任务之一，备受专家学者的广泛关注。根据不同的阅读目的，读者可能会选择不同的阅读方式。通过考察已有认知研究的结果，我们可以总结出查读、略读、通读和细读等四种主要的阅读方式，以及它们在不同教学结构和过程中的认知分布情况（表2）。

表2　阅读方式及其在教学中的分布　　　　单位:%

阅读方式（m）	读　前					读　中					读　后		
	导入课文（I）	讲练汉字（C）	讲练词汇（V）	讲练语法点（G）	训练技能（D）	布置任务（A）	阅读课文（T）	课文练习（P）	讲解课文（E）	讲练词汇（V）	拓展练习（X）	总结（S）	布置作业（H）
查读（m_c）					30.77		53.85	46.15	46.15		15.38		
略读（m_k）					30.77		69.23	46.15	46.15		7.69		
通读（m_t）					23.07		53.85	38.46	46.15				
细读（m_d）					30.77		69.23	84.62	61.54				

4.1 阅读方式（m）

以下是对阅读方式已有认知研究的归纳总结，包括主要类别及其在阅读结构和过程中的分布特点。这将有助于更好地指导阅读理解技能教学。

4.1.1 查读（m_c）

查读（m_c）也称查阅，是一种迅速查找和定位所需信息的阅读方式，通常在大量阅读材料中使用，以满足明确的阅读目标，如查找电话号码、列车时刻表、地图、具体信息或特定事实等。周小兵等（2008：5）指出，查读方式要求高速度，同时也要求查找和定位的准确性。通常情况下，查读是在已经了解材料背景的情况下，带着特定的查找目的进行的。一旦找到目标信息，阅读过程就可以结束。

4.1.2 略读（m_k）

略读（m_k）也称为浏览，是一种迅速阅读文章的方式，通常在读者不确定某篇文章是否值得深入阅读或没有足够时间仔细阅读的情况下使用。这种阅读方式旨在快速获取文章的大意，重点在于把握文章的核心思想，而不要求深入了解细节（翟艳、苏英霞，2010：221；杨惠元，2019：168）。略读时并不要求逐字逐句阅读，也不要求每个句子都理解，而是跳过细节，将注意力集中在文章或段落的关键部分，如文章标题、开始段、结尾段，或者段落的开头句或最后几句。文章或段落的中间部分可以进行快速浏览。略读的主要目的是培养学生掌握跳读的技巧。

4.1.3 通读（m_t）

通读（m_t）也称为整体阅读，是一种从文章的开头到结尾整体地阅读的方式。这种阅读方式要求读者能够理解文章的主要内容和重要细节。在通读训练中，读者需要同时把握文章的主要观点，了解关键细节，明确文章的结构和层次，理解作者的观点并体会作者的态度。周小兵等（2008：6）认为，通读是阅读中最重要和最常用的一种方法。

在进行通读之前，通常会进行一些阅读提示，目的是引导学生在阅读时保持特定的焦点。而在通读过程中一般要求学生不查阅生词表，也不使用词典，鼓励学生学会跨越生词障碍。教师还可能要求学生在规定的时间内完成阅读并掌握整篇文章的主要内容。

4.1.4 细读（m_d）

细读（m_d）是为达到充分的理解而进行的仔细研读。它不仅要求理解文章大意，而且要求理解文章细节；不仅要求理解字面意义，还要求理解言外之意。其主要目的是让学生积累知识。杨惠元（2019：168）说，细读基本上是逐字逐句地阅读，要求学生从整体到细节都要读懂、理解透彻。当遇到不懂的地方，可以训练学生反复读，也可以查看生词的翻译。一般来说，教师不会对细读的时间进行严格的控制。

4.2 阅读方式教学的实施路径

为了研究阅读方式的实施规律，我

们分析了不同阅读方式在阅读结构和过程中的分布和影响程度，进而建立了基于结构和过程的阅读方式实施路径的理论模型（图4）。

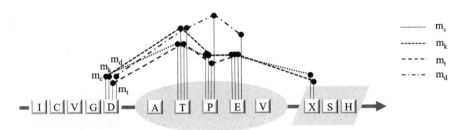

图4 基于结构和过程的阅读方式（m）及实施路径理论模型

通过研究文献数据库，我们得出以下结论：

（1）不同阅读方式在阅读的不同环节中分布不均，但在读中环节表现最为显著。在读中环节，从"阅读课文（T）"到"课文练习（P）"，再到"讲解课文（E）"，教师引导学生训练各种不同的阅读方式，不论是在类别还是在支持率上都有显著的差异。

（2）不同阅读方式在三大环节教学过程中的分布方面，我们得出以下发现：①在读前环节，各种阅读方式均主要分布在"训练技能（D）"中。其中，"通读（m_t）"的支持率相对较低。②在读中环节，各种不同的阅读方式均在"阅读课文（T）""课文练习（P）"和"讲解课文（E）"中有分布，且各种阅读方式的支持率相差不大。③在读后环节，"查读（m_c）"和"略读（m_k）"分布在"拓展练习（X）""总结（S）"和"布置作业（H）"中，但它们的支持率较低。然而，"通读（m_t）"和"细读（m_d）"在读后环节中的认知研究并未出现。有文献提到通过"布置作业（H）"指导学生进行课文阅读，但没有对阅读方式做明确说明或规定（刘颂浩，2016：210），这或许说明一些阅读方式的教学与课后巩固练习的关联没有受到重视。

5 基于结构和过程的汉语阅读技巧与策略教学实施路径构建

阅读技巧与策略在提高阅读理解能力中扮演着关键的角色，对于提高理解深度和广度、应对阅读难题、提高阅读效率、增加阅读乐趣都将起到非常重要的作用。通过对汉语阅读已有认知研究的考察可以发现，学者们已经认识到了"预测和推断（s_p）""概括大意（s_m）""识别重要细节（s_k）"等10项阅读技巧与策略，并提出在不同教学进程中选用不同技巧和策略的认识。据此，我们可以归纳总结出如下的认知分布规律（表3）。

表3　阅读技巧与策略体系及其在教学中的分布

阅读技巧与策略（s）	读前					读中					读后		
	导入课文（I）	讲练汉字（C）	讲练词汇（V）	讲练语法点（G）	训练技能（D）	布置任务（A）	阅读课文（T）	课文练习（P）	讲解课文（E）	讲练词汇（V）	拓展练习（X）	总结（S）	布置作业（H）
预测和推断（s_p）	61.54				38.46	46.15	53.85	61.54	61.54				
概括大意（s_m）					23.08		92.31	92.31	92.31				
识别重要细节（s_k）					30.77		92.31	100	92.31				
推理和解释（s_f）					15.38		69.23	92.31	92.31				
猜测词义（s_w）					38.46		69.23	84.62	84.62			7.69	
文本分析（s_a）					38.46		7.69	100	100				
情感分析（s_s）								7.69					
评估和判断（s_e）							100	100	92.31				
标注和笔记（s_n）							23.08	30.77					
反思和复述（s_r）								30.77					

5.1　阅读技巧与策略（s）

以下是对阅读技巧与策略已有认知研究的归纳总结，包括主要类别及其在阅读结构和过程中的分布特点。这些认知将有助于更好地指导阅读理解技能教学。

5.1.1　预测和推断（s_p）

预测和推断（s_p）意味着读者可以基于文本中已有的信息，合理地猜测未来的内容。刘颂浩（2016：200）认为，可以将阅读过程看作一个反复阅读、思考、预测、再阅读、再思考、再预测的过程。在阅读教学中，引导学生进行预测和推断有助于激发兴趣，鼓励积极的阅读态度，提高阅读理解深度和效率。

5.1.2　概括大意（s_m）

概括大意（s_m）意味着读者在阅读文本时能够辨认、理解，并总结文章或段落的主题、核心观点或中心思想。根据周小兵等（2008：69）的观点，是否能够捕捉文章的主要观点是判断阅读成功与否的重要标志。因此，通过识别主题和总结大意可以把握文段的主要观点成为篇章理解的关键要素。然而，由于这一技能相对较难，教学过程中需要教师不断引导，以及学生的反复练习。

5.1.3　识别重要细节（s_k）

识别重要细节（s_k）指读者快速定位、辨认、提取信息，最终理解文本中的重要信息和具体细节。根据周小兵等（2008：78）的观点，由于每篇文章都包含各种不同的细节，学生需要通过掌握文章的组织结构和逻辑关系来定位和理解文章细节。这些细节可以包括具体的时间、地点、人物、事件、定义、证据、资料等。这些细节可能以句子、词组或者短语的形式出现。

识别重要细节（s_k）意味着读者能够快速定位、辨认并提取文本中的重要信息和具体细节，以便最终理解文章的内容。根据周小兵等（2008：78）的观点，由于每篇文章都包含各种不同的细节，因此学生需要通过理解文章的组织结构和逻辑关系来有效定位和理解这些细节，包括特定的时间、地点、人物、事件、定义、证据、资料等内容，而它们可能以句子、词组或短语的形式呈现。

5.1.4　推理和解释（s_f）

推理和解释（s_f）指的是能够在文本所提供的信息之外，推断出更深层次的含义和结论。根据周小兵等（2007：86）的观点，通常情况下，读者需要根据文本中的线索进行推理，以理解作者的隐含意图或情感。这是因为，在阅读过程中，当读者发现前后句之间缺乏内在联系时，他们会启用已有的知识和经验来填补这一信息的缺失。因而读者在阅读时不仅需要理解单独的句子，还需要理解句子与句子之间的内在联系，逐渐构建一个完整的、一致的认知框架。在这个过程中，推理是一种不可或缺的阅读技能。据此，在阅读教学中，教师通常通过提问等方式来引导和训练学生的推理和解释能力，还可以通过让学生完成相关练习来检查他们的推理和解释是否正确和合理。

5.1.5　猜测词义（s_w）

猜测词义（s_w）也被称为词汇猜测，属于一种阅读技巧和策略。它利用语言知识和相关的上下文信息，通过分析字词的构成来推测生词的含义。周小兵等（2007：31）认为，这一策略是阅读中最有效的技巧之一，同时也是学生扩大词汇量的重要途径。这是因为汉语具有其特殊性，尤其是汉字的表意属性，对于学习汉语作为第二语言的学生来说，掌握猜测词义的技能至关重要。

5.1.6　文本分析（s_a）

文本分析（s_a）是一项重要的阅读技巧和策略，它涉及对文本的结构、语法、修辞手法和文学元素等方面的分析，旨在更深入地理解文章内容以及作者的写作风格和技巧。周小兵等（2007：63）认为，当处理复杂句或长句时，学生可以培养正确的策略，包括专注于把握最重要的核心信息，从而可以跳过较次要的部分，以便更好地理解文章内容。文本分析是阅读理解能力的关键组成部分，也是阅读教学中常见的环节，有助于提升阅读理解的准确性和深度。在阅读教学过程中，教师可以进行文本串讲，或者选择若干关键段落或句子进行深入分析。

5.1.7　情感分析（s_s）

情感分析（s_s）是一种关键的阅读策略，旨在帮助读者辨认文本中的情感元素和作者所表达的情感内容，以便更全面地理解文本。吴平（1995）曾提到，读者应特别注意文本中的情感表达部分。通过对已有认知研究的考察可以发现，这一技巧和策略尤其适用于阅读抒情性散文等情感丰富的文学作品。这一技巧和策略有助于深化对文本的理解。这是因为情感在文学作品中常常扮演着重要角色，影响着作品的主题和效果。通过分析情感内容，读者可以更好地把握作者的意图和作品的情感氛围。

5.1.8 评估和判断（s_e）

评估和判断（s_e）是指在阅读过程中，读者对信息的可靠性、事件的可能性、结论的合理性、作者的观点、论据的有效性，以及文本的潜在偏见等方面进行评估和判断。根据周小兵等（2007：97）的观点，这一技巧和策略要求读者在理解文章的文字形式和内容的基础上，对信息的真实性、作者的写作意图、作者的语气和态度等做出客观的判断。通过对已有认知研究的考察可以发现，评估和判断是阅读教学过程中的重要环节，贯穿整个文本阅读的始终。

5.1.9 标注和笔记（s_n）

标注和笔记（s_n）是指读者在阅读文本的过程中，同时对关键字词、短语、句子或其他重要信息进行标记，或者在纸上做简要笔记。根据吴平（1995）的观点，这一技巧和策略鼓励学生在阅读中主动捕捉关键信息，同时帮助扩大词汇、增长见闻，并提升写作能力。赵金铭（2006：123）认为，做笔记也可以在阅读结束后的整理环节进行，帮助学生重新梳理学过的知识，包括词汇、句法知识等，让学生将本次阅读中学到的知识点与以前学过的知识点进行对比和整理。通过对已有认知研究的考察可以发现，标注和笔记既有助于提高阅读理解水平，也有助于综合语言水平的提高。

5.1.10 反思和复述（s_r）

反思和复述（s_r）是指读者对文本的主要内容、结构、观点等进行回顾和思考，并用自己的话语将文本的核心内容表述出来。这一技巧和策略有助于教师了解学生对课文内容的整体理解和掌握情况，同时也可以训练学生的成段表达能力，对提高汉语水平大有裨益。陈田顺（1999：31）建议，对于一些较难或较长的课文，教师可以适当地在黑板上写下一些关键性的词语，以引导学生的回忆。此外，当学生在复述过程中遇到困难或停顿时，教师也可以提供一些提示。

5.2 阅读技巧与策略教学的实施路径

为了研究阅读技巧与策略的实施规律，我们分析了不同阅读技巧与策略在阅读结构和过程中的分布和影响程度，进而建立了基于结构和过程的阅读技巧与策略实施路径的理论模型（图5）。

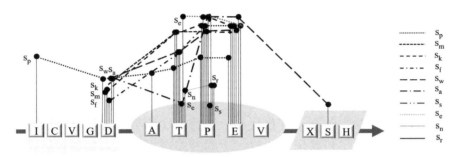

图 5　基于结构和过程的阅读技巧与策略（s）的实施路径理论模型

根据文献数据库的调查结果，我们可以得出以下结论：

（1）"阅读技巧与策略（s）"的训练分布于阅读的不同环节，包括读前、读中和读后，但最显著的分布点位于读中环节。在这个阶段，从"布置任务（A）"到"阅读课文（T）"，再到"课文练习（P）"和"讲解课文（E）"，是教师引导学生训练不同阅读技巧和策略的重要时机和路径。

（2）在各环节内部的特点，我们发现以下特点：①在读前环节，"预测和推断（s_p）""概括大意（s_m）""识别重要细节（s_k）""推理和解释（s_f）""文本分析（s_a）"和"猜测词义（s_w）"均主要分布于"训练技能（D）"中，尽管"推理和解释（s_f）"的支持率相对较低；"评估和判断（s_e）"和"反思和复述（s_r）"等在读前环节中没有显著分布。②在读中环节，"预测和推断（s_p）""概括大意（s_m）""识别重要细节（s_k）""评估和判断（s_e）""推理和解释（s_f）""文本分析（s_a）"和"猜测词义（s_w）"等均分布于"阅读课文（T）""课文练习（P）"和"讲解课文（E）"中，而"反思和复述（s_r）""情感分析（s_s）"只分布于"课文练习（P）"中。值得注意的是，"预测和推断（s_p）"在"课文练习（P）"中的支持率相对较低。这可能是因为一些专家学者建议在完成课文阅读后再进行练习以检查阅读情况，"预测和推断（s_p）"的训练已在课文阅读中完成。当然，也有专家学者主张在阅读课文的同时进行练习。这种情况下，"课文练习（P）"也可以包括"预测和推断（s_p）"的训练。③在读后环节，只有"猜测词义（s_w）"出现在"总结（S）"中，而"预测和推断（s_p）""概括大意（s_m）""识别重要细节（s_k）""评估和判断（s_e）""推理和解释（s_f）""文本分析（s_a）"和"反思和复述（s_r）"等阅读技巧与策略在阅读后环节中并未有显著分布。

6　结　语

本研究基于文献中的已有认知研究，明确了汉语阅读理解的核心任务，包括阅读知识、阅读方式、阅读技巧和策略等。通过系统地研究汉语阅读教学的结构和过程，我们建立了有关阅读教学结构和过程的理论模型，用以分析汉语阅读理解在课堂教学中的实施路径。这一研究结果对于汉语阅读教学设计、教学应用、教学管理、教学评估和教学优化等方面具有系统而具体的参考价值。

本研究主要关注中高级汉语阅读课程中的问题。因为这类课程的设置通常涵盖了更广泛的内容，具有更大的影响力。未来的研究有两个方面值得重视：①进一步探讨阅读教学实践中的具体情况，通过建立实践模型不但可以对理论模型进行证实、证伪，还可以补充和修改，以便揭示更多的阅读理解认知规律；②随着教育技术的不断发展和新技术、新方法的应用，需要在深入研究的基础上，不断优化和创新阅读教学理解的各项任务，适应阅读教学的需要，提高新时期阅读教学效果。

参考文献

陈昌来.对外汉语教学概论［M］.上海：复旦大学出版社，2005.

陈田顺.中级阶段课程规范：汉语阅读课课程规范［C］//陈田顺.对外汉语教学中高级阶段课程规范.北京：北京语言文化大学出版社，1999.

崔永华，杨寄洲.对外汉语课堂教学技巧［M］.北京：北京语言文化大学出版社，1997.

刘颂浩.汉语阅读教学研究［M］.北京：北京语言大学出版社，2016.

孟繁杰，陈璠.对外汉语阅读教学法［M］.厦门：厦门大学出版社，2006.

吴华.对外汉语阅读教学研究［M］.北京：中央民族大学出版社，2010.

吴平.浅谈对外汉语阅读课教学［J］.北京第二外国语学院学报，1995（3）.

吴中伟.汉语作为第二语言教学：汉语技能教学［M］.北京：外语教学与研究出版社，2014.

杨惠元.汉语技能教学法［M］.北京：北京语言大学出版社，2019.

翟艳，苏英霞.汉语作为第二语言技能教学［M］.北京：北京大学出版社，2010.

张树昌，杨俊萱.阅读教学浅谈［J］.语言教学与研究，1984（4）.

赵金铭.汉语可以这样教：语言技能篇［M］.北京：商务印书馆，2006.

赵贤州，李卫民.对外汉语教材教法论［M］.上海：上海外语教育出版社，1990.

郑艳群.汉语教学数据挖掘：意义和方法［J］.语言文字应用，2016（4）.

郑艳群.教学分析与教学计算：大数据时代汉语教学研究方法探新［J］.国际汉语教学研究，2020（2）：32－39.

周小兵，吴门吉，王璐.怎样教阅读：阅读教学理论与实践［M］.上海：华东师范大学出版社，2007.

郑艳群，北京语言大学国际中文教育研究院，100083

zyq@ blcu. edu. cn

王艳，北京语言大学应用中文学院，100083

wangyan@ blcu. edu. cn

试论显性认知在汉语语法教学中的应用①

翟　艳　耿　洁

摘　要： 本文基于显性认知理论，讨论了目前汉语语法教学中的问题，认为有效激发学习者主动认知，是达成对语法显性知识习得的关键。为此重点探讨了意识提升和输入加工理论等在汉语语法教学中的作用，并举例说明了感知、比较、纠错、概括、推理等认知活动在练习设计和课堂教学中的运用，为学习者建立汉语语法意识和提升汉语语法能力做了有益的尝试。

关键词： 显性认知；意识提升；输入加工；汉语语法教学

1　引　言

　　语法教学在帮助二语学习者建立语言意识、提升语言能力方面发挥了重要作用。《国际中文教育中文水平等级标准》附录之《语法等级大纲》（以下简称"新大纲"）一经颁布，即得到业界的热烈欢迎和极大关注。新大纲的落地面临两个重要课题，一个是内容的解读，一个是教学的应用。前者涉及语法条目的阐释，应晨锦等（2022）作为语法大纲的研制人员出版的《国际中文教育中文水平等级标准语法学习手册》，应视为最早、最有权威的解读文本；后者则涉及教材编写、教学资源建设等，据统计，2021 年，针对语法大纲立项的教学资源建设项目已达 12 项。② 目前来看，针对新大纲的解读如阐释语法体系构成、语法项目选择依据及语法点释义的成果还显不足；针对新大纲的资源建设已涵盖初、中、高等级别，含教材、微课、平台等，体系较完整，初步满足教学之用。然而新大纲的教学应用仅限于知识解读和资源建设还显不够，还应在教法研究上下功夫，以教学论融合本体研究和习得过程，联通本体—习得—教学路径，从而构建完整的语法教学体系。

　　本世纪初，在海外二语界"认知转向"思潮影响下，汉语语法研究者开始基于认知角度探讨汉语语法的形式与功能以及在语法教

① 本成果受教育部语合中心 2021 年国际中文教育研究课题重点项目（21YH09B）资助。
② 本文作者依据 2021 教育部语合中心公布的立项名单统计，恐有疏漏，仅供参考。

学中的应用，总体而言，应用实践成果还显不足。在此大背景下，本文基于显性认知理论探讨汉语语法教学的方法，在教师"教"的层面，探索学习者的大脑思维和认知加工给学习带来的影响，即通过合理设计教学过程、采用典型有效的教学方法来激发学习者的认知投入，从而提升汉语语法教学的效果。

2 显性认知语法教学的意义

显性认知语法教学涉及显性知识、显性语法教学以及认知等方面。显性知识一般被定义为从大脑中央信息系统中有意提取的陈述性知识（靳洪刚、侯晓明，2016），语法知识即是语言显性知识的典型代表。显性语法教学则指以促成显性知识习得为目标的知识教学，主要通过教师对语法知识的讲解与操练，来帮助学习者获得语法知识和能力。

认知是人类对客观世界产生认识和理解的过程，它是人类普遍具有的一种能力。认知的结果是理解和概念化，对学习者而言，学习一门新的语言，就是对这门语言进行系统理解和概念化认知的过程。在语法学习的过程中，学习者的认知活动主要体现为对语法形式和意义的一系列复杂的信息加工，包括注意、感知、认知、理解、归纳、演绎，乃至短时记忆、长时记忆、工作记忆等。显性语法认知可以说是学习者通过一系列心理认知活动，对显性语法知识进行加工，从而对语法知识进行理解和运用的学习过程。这个过程是学习者运用自己的大脑，积极观察、思考的结果。从教学的角度讲，如果教师意识到了显性学习的重要性，并采取了一系列教学策略，激发了学习者显性学习的意识，提升了

语法认知能力和应用能力，就实现了显性认知语法教学的目的。因此，显性认知语法教学是以促成显性知识习得为目标的，它与一般语法教学相比，更加关注学习者认知行为的融入，通过吸引学习者对语料的注意、观察和分析，引导学习者对语言形式特征进行清晰的理解和力所能及的陈述，最终帮助学习者建立起自己的语法知识系统（Fotos，Ellis，1991）。

显性认知语法教学主要涉及知识、学习、教学三个方面，它的基础是基于认知的二语习得理论。为什么语法教学需要显性，这涉及二语习得讨论的一个重要话题——显隐性学习问题。显性学习一般指有意识的、有意图的学习，隐性学习则是无意识的、在不知不觉中发生的学习（范帕滕 等，2021：17－19）。尽管公认理想的学习是隐性的，但研究者认为，只有"内隐学习是不够的，对语言形式的关注有助于提高二语习得的速度和最终的水平"（Robinson，Ellis，2016：8）。对成人二语学习者来说，在课堂教学中，很大程度上要通过显性的学习方式来习得一门语言。显性学习的作用主要是提升学习者对所学语言形式结构的意识，提高其对语言输出的监控，进而促进隐性知识的发展（岑海兵，2011）。汉语语法教学长期以来形成的先设置情景、呈现例句，然后进行语法形式的归纳，或者先呈现例句、解释规则，然后进行演绎类推的做法，都较多体现了显性教学的特点。

中外学者的实验研究多证实显性语法教学的积极效果。靳洪刚、侯晓明（2016）曾详细介绍了汉语语法的相关显隐性实证研究，其中，Elder 和 Manwaring（2004）的研究认为，汉语语

法的元语言显性知识与显性教学有一定的关系，也与汉语学习效果有一定的正相关度。Wang（2014）的研究结论为，显性教学对复杂语言结构的习得尤其有效，显性或隐性教学则都对意义复杂但结构不复杂的学习有效。Norris 和 Ortega（2000）的元分析显示，显性教学的效应量为 1.13，远高于隐性教学的效应量0.54。洪芸（2013）、张洋和潘登攀（2015）的实验均表明，直接的显性反馈更容易引起学习者的纠错回应。本文即是在此类研究基础上，从在显性教学中如何强化学习者认知的角度，来探讨汉语语法的教学。

3 如何提升学习者的显性认知水平

提升学习者的显性认知水平，是保证显性语法教学效果的关键，这需要一定的教学途径和训练方法。显性教学的基础是注意、理解、加工策略等心理因素。在二语习得与教学领域，"意识提升"是运用于显性教学的第一步，它有赖于"注意"的发生，因为"被注意到的事物才会被学习"（Schmidt，1990：149）。只有注意到目标语中那些不同于母语表达的语法特征，学习者才可能对它们进行认知加工。"指出语法系统的特点"是意识提升的下一步，此时，学习者应能对这些语法特征进行力所能及的解释、分析、说明等，以获得不同层面的理解，并最终导致准确输出。常用的方法有文本强化（textual enhancement）、输入流（input flood）、结构化输入（structured input）、限时语法判断（limited grammar judgement）等。Ellis（2003）也提出了几类意识提升活动，

如为学习者提供各种语言材料，引导他们集中注意某一个特定的语言现象，对语言规则或特点进行明确描述或详细解释等。洪炜和张俊（2017）、房艳霞和江新（2020）的实验研究，通过让学习者自己在阅读中习得目标结构，对目标结构进行了视觉输入增强，均显示出对显性语法教学的积极作用。

在意识提升理论基础上，van Pattern（2004）进一步提出了输入加工理论（input processing）。他认为，尽管目标形式已经引起了学习者的注意，但这并不意味着被注意到的形式已经被加工，教学的介入，实际是对输入加工过程进行的干预。教师的教学方式能改变学习者的加工行为，使其摄入的语法更丰富，并能帮助学习者纠正不当的第二语言加工策略，形成新的输入理解技巧。

如果说基于认知心理学的习得理论更关注学习者认知加工的内部因素的话，那么以社会文化理论（sociocultural theory）、语言社会化（language socialization）等理论为前导的二语习得理论更强调外部即社会因素对语言学习的影响，认为人的认知能力是在社会活动中形成和发展的，因而产生"基于使用的二语习得"思想。该理论运用在教学中，教师需在语法教学中提供大量的、丰富的、有意义的输入，以作为进行真实交际活动的补充；为学习者提供有真实交际意图的任务活动来增加学生选择性注意和互动协商的机会，从而把认知的作用从信息加工的层面拓展到交际使用的层面。

本世纪以来，汉语语法教学界运用认知相关理论做了一定的教学尝试。如卢福波的"认知—强化—创新"模式（2007），邵菁、金立鑫的认知功能教学

法（2007），苏丹洁、陆俭明的构式—语块教学法（2010），冯胜利、施春宏的三一语法（2011）等，它们多基于汉语形式—意义的配对理据，通过还原语言形式发生的典型场景，引导学习者理解语言形式所蕴含的语法意义和表达功能，体现出对学习者习得心理因素的关照，在凸显汉语类型学特征上，也有很多可借鉴之处。不过，相应的教学多集中于语法导入环节或知识讲解层面，还缺乏更多的系统性操练手段。为此，基于二语习得理论和认知心理衍生汉语语法教学的教法，在充分考虑汉语特点的基础上，不仅要激发和利用学习者认知能力在汉语语法学习中的作用，引导学习者使用注意资源，对汉语语法形式和特征进行观察、分析与解释，还需要提供更多的输入加工策略和练习，帮助学习者理解意义，特别是在基于使用的习得原则指导下，要将认知活动延伸到交际互动中，帮助学习者在使用中达到真正的知识内化。

4 显性认知语法教学的设计理念与操作

针对以上问题，显性认知语法教学将细化语法认知活动，拓展各环节中学习者认知加工的深度，并将导入、理解层面的学习延伸到交际应用环节，增强学习效果。以下通过几个具体实例，阐述设计原理和具体操作。设计要点为：

第一，关注语言的输入加工，通过注意、感知、记忆、联想等从低级到高级的思维活动，强化学生认知策略的应用，体现出学习者积极的心理加工行为。

第二，采用意识提升活动，如纠错、判断、解释、归纳等方法，让学生面对多样化的语料，去发现语言结构的形式、语义特点，乃至表达效果和语用功能，特别是强化"何时要用这个语法""中国人说的和我说的有什么不同"等审辨性自我反思。

第三，将认知活动延伸至交际应用，鼓励学习者在互动交际中，进一步明确语言的形式与功能配对，并能选择恰当的形式来表达意义。

下面，我们举几个典型例子来说明。

4.1 注意与感知活动

感知是心理加工的第一层次，主要使用文本强化和输入流的方法来引起学习者的注意。

输入中的"文本强化"多采用粗体、斜体、下划线或颜色变换来强调输入语的某些特征，"输入流"则反复或频繁地出现具有某种相同语法特征的句式或词语，这些方法在感官上凸显了目标语的结构，因此使它们更容易被注意。如下例①，加粗斜体部分呈现的是表达动作持续的"动词 + 着"的结构：

例 1　阅读下面的文章，并抄写粗体的部分。

这是英男和保罗的房间，门**开着**，电视也**开着**。书和词典在书架上**放着**，保罗在椅子上**坐着**，英男在床上**躺着**，他们正在紧张地**看着**电视里的足球赛。

在这类练习里，我们重点要求学习

---

① 例1、例2 文本均选自教材《汉语口语速成入门篇》（苏英霞、翟艳编，北京语言大学出版社2000年版），练习为自编。

者注意到某种语言形式的重复出现，某种语法规则的频繁使用，并用抄写、划线等方法标示出来，以利于后续的学习。

我们还可以要求学生从一组语言素材中找出一个特殊的结构或用法，并确认与之相关的语言形式，观察它的特点，形成初步感性认识。如下例：

例2

小叶：喂，我找莉莉。

莉莉：我就是，你是小叶吧？

小叶：猜对了。昨天你去哪儿了？我找了你一天也没找到。

莉莉：我去朋友那儿了，一直呆到十点才回来。你找我有什么事？

小叶：你要的磁带我给你录好了，你什么时候来取？

莉莉：太好了，我一吃完晚饭就去。

有一种语法成分，用来说明动作的结果，叫结果补语。结果补语一般由动词或形容词充当，形成的表达式为"动词＋动词/形容词"。请问，上面的对话中，有没有这样的表达式？有几个？请你找出来，写在下面：

———————　　———————

———————

这种练习方式，有助于引导学习者观察文本，找到与描述相同的语言结构，并形成知识的对照。

4.2　意识提升活动

意识提升活动在于引导学习者对语言形式和特征进行观察、分析与解释。在此教师需要提供更多的输入加工策略和识解方式，如帮助学生发现汉语语法的形式特点、生成理据，找到正确理解意义的关键词语等，帮助学习者理解形式与意义的一致性表达。认知加工活动如下几例。

4.2.1　纠错

纠错需要学生运用所理解到的知识，去分辨和判断句子的正误，并进行纠错反馈。纠错考察了记忆连接功能，检测了形式与意义的联结以及对语言知识的重构。如下例：

例3　这几个句子在结构上一样吗？它们都能说吗？两人一组，试着解释一下并予以纠正。

我的自行车被风刮倒了。

花瓶被小弟弟打破了。

这图画被著名的画家画。

那篇文章被他写完。

汉语中的"被"字句有终结性，语义上多表示"受损"，其适用范围明显小于英语（黄月圆 等，2007）。本例中后两句即是"被"字句的泛化，是学习者常犯的语法偏误，也是学习的难点。在意识提升任务中，学生们通过讨论、分析原因等方式强化了认知，能有效避免偏误的发生。

4.2.2　比较

比较实际是激活已储存的知识，在新旧知识之间建立联系或接口，从而导致知识的重新整合，因而它是更深一步的思维加工。注意下面黑体部分的对应表达（周小兵，2004）：

小偷**打破**了窗子，**撬开**门，**拿走**了值钱的东西。

broke, forced the … open, got

…away

对比可知，如"打破"对应单个动词"broke"，"拿走"对应短语结构"got…away"，说明汉语的动补结构跟英语的对应成分形式不同。以英语为母语的二语学习者容易出现"＊弟弟破杯子了"或"拿值钱的东西走了"这样的偏误，因此，比较能帮助学习者更好地理解汉语的形式特征，促进正向迁移，避免负向迁移。

下面，我们设计了一个翻译练习，引导学生发现动结式的英汉表达在形式与意义匹配上的规律。用讨论的方法有助于形成互动协商，增强学生对汉语语法的认识。

例4　两人一组，先把下列句子翻译成汉语，然后讨论说明汉语和英语句子有什么不同。

（1）He cured a patient.

（2）I heard someone playing the piano.

（3）It's important；you should remember it.

4.2.3　概括

概括是解决问题思维过程中的最高阶段，用以完成陈述性知识的习得。在这个层面，学习者需要从一组语言现象中注意并发现某类具有共同语法特征的语法现象，并能抽象概括出语法规则。如下例可以概括为"一＋量词＋名词＋也/都＋没/不"表示强调：

例5

他昨天一口酒也没喝。

今天我一个字都没写。

我钱包里一分钱也没有啊。

商店里那么多衣服，她一件也不喜欢。

他们说的话，我一句都听不懂。

看看这6个句子，你能发现什么语法规则吗？请试着写出来：

_____

4.2.4　理解生成

在理解的基础上，去生成最符合汉语表达的句子，这需要学生深刻领会汉语的思维逻辑以及在语言形式上的表达习惯，从而发现"我说的汉语"与"中国人说的汉语"有何不同。韩玉国（2021）从意识提升的发生时机、学习者对规则的演绎角度，逐层推演了"把"字句理据的生成与意识提升。下例为改编后的练习，注重引导学生观察、思考。

例6　请回答下面的问题。

第一步：下边每一组有两个小句子，用"把"怎么说？

（1）阿里放书　→书放在桌子上了。

（2）玛丽洗衣服→衣服洗干净了。

（3）杜克做作业→作业做完了。

第二步：请你说一下，"把"前边、后边的词你是怎么找的？它们有什么规律吗？

（1）"把"前边的词：

（2）"把"后边的词：

第三步：和你的朋友讨论并总结。

（1）第一步中两个小句子之间有什么关系？

（2）根据这三个句子，你能说出"把"字句的特点吗？

（3）请根据自己的理解写一写"把"字句的公式。

在此例中，首先，教师采用"主动宾句"（如"杜克做作业"）+受事主语句（如"作业写完了"）作为生成基底，句法方面借助"把"字句与受事主语句形成关联，语义方面凸显"把"字句的致使位移和结果变化义，建立了语义成分和句法成分之间对应关系；其次，引导学生探究"把"字前后词的出现规律；最后，要求学生概括"把"字句的语义、形式特点，鼓励学习者进行力所能及的陈述，巩固对"把"字句的认知。此例语法任务的设计完全扎根于汉语的本体规律和特点，教学过程紧扣"把"字句的意义生成与形式剖析，引导学生观察、理解和解释汉语本体规律和特点，体现出对学习者习得认知的启发和汉语形式特点的融合。

4.3 交际互动活动

交际互动源于真实的语境和信息差的建立，活动的设计体现意义优先的原则，练习形式多样。以下仅举两例。

4.3.1 情景表达

使用看图说话或写话的方式，通过给出具体的场景来提供语言表达的线索或信息，这是常用的、能够较好诱发语言产出的方式。我们还可以通过背景或状态的描述来固定意义框架，要求学生使用目标形式优化表达。

例7 请用状态补语描述小王的样子。

小王每天早上都去跑步，回来全身都出汗了。

小王很开心，他笑了。

4.3.2 真实交际

采用真实的交际，会促使学生优先考虑话语的意义，在工作记忆中调用那些交际价值高的语法形式。真实世界的信息传递也包含了特定的语法结构，如下面的例子包含了假设复句、因果复句、分数或百分数的运用等：

例8 假如你得到了100万人民币，你想做什么？采访一下班里的其他同学，听听他们怎么说。请把他们的观点写在下面。例如：

大卫说：＿＿＿＿＿＿＿＿＿

玛丽说：＿＿＿＿＿＿＿＿＿

你最喜欢谁的说法呢？为什么？请做一个小组报告：

我最喜欢×××的说法，因为……

这种问题的设置具备结构化输入的"情感题"（affective activity）特征，即没有正确或错误的答案，而是要求学习者在处理真实世界的信息时表达观点、信念或做出其他情感反应。在篇章性的连续表达中，学生需要调动认知，对形式进行监控、修正和优化表达，体现出输出加工的优势。

综上，让学生自己去发现语言规律，而不是替代学生的思维活动，学生就可能加深对语言知识的认识，并在使用中进一步内化自己的知识系统。以往汉语语法教学多专注于语言形式这一单一层面的讲授，基于显性认知的语法知识教学则通过教师巧妙的设计，提供了有利于认知学习的语言形式的理据性、可分析性，同时建立了不同语法项目之间的关联，一定程度上激发了学生的学习动机，提高了学生汉语语法学习的质量。

5 结 语

由于当前的语法教学在感知、理解的环节不太注重学生内省性的语法观察和发现，在巩固应用环节利用任务输出活动来提升语法意识的操练也不充分，导致学习者在知识的构建中较多依赖教师的讲授，影响了学习自主性和创造性的发挥。要激发学生主动参与到语法知识构建的过程中，基于显性认知理念建构的汉语语法教学是一个有益的途径，也符合赵金铭所提出的养成"学习者习得与认知能力养成体系"（赵金铭，2021）的目标。

参考文献

岑海兵.二语语法显性与隐性学习的认知研究 [J].安庆师范学院学报（社会科学版），2011（4）.

范帕滕，基廷，伍尔夫.第二语言习得理论导读 [M].鹿士义，蒋思艺，主译.北京：商务印书馆，2021.

房艳霞，江新.视觉输入增强对汉语二语学习者语块学习的影响 [J].语言教学与研究，2020（5）.

冯胜利，施春宏.论汉语教学中的"三一语法" [J].语言科学，2011（5）.

韩玉国.意识提升理论与汉语语法教学：兼谈汉语教学对二语教学理论的审辨 [J].对外汉语研究，2021，（24）.

洪芸.纠错反馈与理解回应的实证研究 [J].汉语学习，2013（6）.

洪炜，张俊.输入强化与输入模态对汉语二语句法学习的影响：以两类"把"字结构的学习为例 [J].语言文字应用，2017（2）.

黄月圆，杨素英，高立群，等.汉语作为第二语言"被"字句习得的考察 [J].世界汉语教学，2007（2）.

靳洪刚，侯晓明.汉语作为第二语言实证研究纵观：显性与隐性学习、知识、教学 [J].世界汉语教学，2016（3）.

卢福波.语法教学与认知理念 [J].汉语学习，2007（3）.

Robinson，Ellis.认知语言学与第二语言习得 [M].鹿士义，译.北京：世界图书出版公司，2016.

邵菁，金立鑫.认知功能教学法 [M].北京：北京语言大学出版社，2007.

苏丹洁，陆俭明."构式—语块"句法分析法和教学法 [J].世界汉语教学，2010（4）.

应晨锦，王鸿滨，金海月，等.国际中文教育中文水平等级标准语法学习手册 [M].北京：北京语言大学出版社，2022.

张洋，潘登攀.初级汉语课堂教师更正性反馈与学生理解回应有效互动研究 [J].华文教学与研究，2015（2）.

赵金铭.如何建设国际中文教育资源体系 [J].语言战略研究，2021（6）.

周小兵.对外汉语教学入门 [M].广州：中山大学出版社，2004.

ELDER C，MANWARING D. The relationship between metalinguistic knowledge and learning outcomes among undergraduate students of Chinese [J]. Language awareness，2004，13（3）.

ELLIS R. Task-based language learning and teaching [M]. Oxford：Oxford University Press，2003.

FOTOS S，ELLIS R. Communicating about grammar：A task-based approach [J]. TESOL quarterly，1991，25（4）.

NORRIS J，ORTEGA L. Effectiveness of L2 instruction：A research synthesis and quantitative meta-analysis [J]. Language learning，2000，50（3）.

SCHMIDT R. The role of consciousness in second language learning ［J］. Applied linguistics, 1990, 11 (2).

WANG J. The effect of implicit vs. explicit instruction on learning form-based vs. meaning-based language features ［D］. Pittsburgh, PA: University of Pittsburgh, 2014.

VAN PATTEN B. Input processing in second language acquisition ［C］//VANPATTEN B. Processing instruction: Theory, research, and commentary. Mahwah, NJ: Lawrence Erlbaum Associates, 2004: 5 – 31.

翟艳，北京语言大学，100083

zhaiyan@ blcu. edu. cn

耿洁，北京语言大学，100083

gengjie@ blcu. edu. cn

ChatGPT 在汉语二语写作中的纠正反馈能力考察

刘 瑜 谭 坦 陈 青

摘 要： 本研究通过使用 ChatGPT 3.5 对 321 篇二语汉语学习者的日记进行修正，从两方面探讨该语言模型对汉语二语写作的纠正反馈能力：首先是对同一篇文章修改前后版本的评分进行对比；其次是对其中 100 篇文章修改前后版本的文本差异，从纠正错误、纠错失误、改善表达和过度修改四个方面进行对比分析。研究发现，经过模型修正的文章整体质量有所上升，评分员对修改后版本的评分显著高于修改前版本。ChatGPT 有相当强的纠错能力，也能使用更地道、更书面和更连贯的方式表达。模型对错别字的修正能力最强，其次为标点符号和错误用词，对语法错误的纠正能力不如其他方面好。但 ChatGPT 有把原有表达修改得更书面化、更正式的趋势。该模型常对无错误的表达过度修改，有时甚至会改变原文所表达的意思或越改越错，容易造成学习者对所学到的汉语词汇和结构产生困惑。

关键词： ChatGPT；书面纠正反馈；汉语二语写作

1 引 言

ChatGPT 是目前世界上最大的语言模型之一，它是一种由人工智能技术驱动的语言模型，经过对大规模的语言数据进行训练和深度学习，结合使用复杂的算法，从而能够理解输入的文本并生成连贯的、具有逻辑性的回复。在使用 ChatGPT 时，用户可以通过输入提示语与其进行交互式对话，模型会分析所输入的内容，基于其训练所获得的知识和语言模式，输出高度模拟人类自然语言的文本。目前，就 ChatGPT 网站平台而言，用户与 ChatGPT 的互动仅限于书面形式，尚未能以语音的方式进行对话。尽管 ChatGPT 可以提供信息、回答问题、进行讨论，以及生成具有创造性的文本，但 ChatGPT 并非具有真正的理解能力和意识，它只是根据模型的训练数据和模式作答，因此有时会提供不准确的信息和"答非所问"。

在 ChatGPT 面世后，教育界对其在教学中的应用进行了广泛的讨论。一方面肯定了该模型所能起到的积极作用，如帮助教师和学生搜索信息、组织思路、创建大纲和改进语言表达等。联合国教科文组织在 2023 年发表的报告《高等教育中的 ChatGPT 和人工智能》中总结了 ChatGPT 在高等教育中可以扮演的角色；该模型能够帮助教师设计教学大纲和活动，为学生提供信息协助其完成学习任务，引导学生进行逻辑推理和思辨，加深学生对学习内容的理解，总结和追踪学生的学习进度，以及针对学生的情况提供个性化的建议和实时性的反馈。但是，教师也担忧学生出现滥用的现象，使用该工具作弊，或者过度依赖该模型而妨碍学生培养自主思考和学习的能力；ChatGPT 也可能提供错误信息和虚假数据，对学生造成误导。另外，该模型在伦理方面仍存在很大的争议性，如对知识产权的保护等。由于目前缺乏政府对 ChatGPT 的监控，同时人们对该技术的未来发展和影响了解尚浅，对其还不太信任，因此，不少高校提出"合理适度使用 ChatGPT"的政策，部分学校和教师更持有"不鼓励使用"的态度。

随着 ChatGPT 在校园中的普及，该语言模型已经成为许多学生重要的学习辅助工具，尤其在外语学习方面。在此基础上，Kohnke 等（2023）提出教师和学生应该培养相应的数字能力（digital competence），学习如何与 ChatGPT 互动，以便在语言学习和教学中有效使用这一人工智能工具。这种数字能力体现在以下三个方面：①技术熟练度，包括了解 ChatGPT 的功能和工作原理，学习使用有效的提示语与模型互动，了解如何应对模型可能出现的问题和缺陷，保持对模型技术更新的了解；②教学兼容性，教师设计和实施涉及 ChatGPT 的语言教学任务、引导学习者借助这一工具

进行自主学习；③社会意识，对模型的不足和风险有批判性的认识，警惕使用该模型所牵涉的伦理问题。本文将聚焦于 ChatGPT 在外语学习中的应用，探讨该语言模型对于二语写作的作用及如何合理适度使用这一工具。

2 ChatGPT 对二语写作的纠正反馈

除了少数文献以外（如 Truscott, 2007；Truscott, Hsu, 2008），不少研究发现，书面纠正反馈对二语写作有促进作用（Bitchener, *et al.*, 2005；Bitchener, 2008；Ferris, 2006；Hartshorn, *et al.*, 2010；Russell, Spada, 2006；Sheen, 2007, 2010；Suzuki, *et al.*, 2012；Polio, 2012），而且许多学习者乐于接受书面纠正反馈，他们希望教师能指出他们写作中出现的错误（Cohen, Cavalcanti, 1990；Leki, 1991；Hedgcock, Lefkowitz, 1994；Ferris, 1995；Guénette, 2007），并做出修正（Ferris, 2003；Bitchener, 2008）。但书面纠正反馈的有效性受到一定条件的限制，不仅与反馈类型（如聚焦反馈和非聚焦反馈）和反馈方式（直接反馈和间接反馈）有关，也受到教师、学生、教学方法等因素的影响（Evans et al., 2010；Storch, Wigglesworth, 2010）。

ChatGPT 能够为二语写作提供及时的书面纠正反馈。由于其规模庞大的训练数据和复杂的算法，ChatGPT 具有强大的语言处理能力。该模型不仅能理解人类复杂的语言，而且还能输出丰富的、语法正确而具连贯性的句子。据 ChatGPT 的解释，研究人员通过下列七个方面确保该语言模型语言输出的正确性、多样性和连贯性：①大规模训练数据

（large-scale training data）。利用大量来自不同来源的文本数据对模型进行训练，让它学习模仿人类自然语言的使用规则。②语言建模目标（language modeling objective）。根据语言建模目标对模型不断微调，让它学习如何凭借上下文语境预测某一词语出现在句子中的可能性，通过了解词语搭配或短语出现的概率，模拟生成符合语法规则且连贯的句子。③循环神经网络和 Transformer 架构（recurrent neural networks and transformer architectures）。Transformer 架构能够拓宽语境范围，训练模型实现语言的长距离联系，加强其理解能力，有助于生成思路连贯的句子。④注意力机制（attention mechanism）。注意力机制帮助模型在生成每个词语时注意到意义和语言结构相关的文本部分，从而保持输出的连贯性和正确性。⑤束搜索和采样（beam search and sampling）。束搜索和采样技术让模型搜索出多个可能的词语搭配或短语，获得多样化的输出结果，结合对结果的排序最终甄选出最有可能的表达方式，从而提高语言表达的正确性。⑥正则化技术（regularization techniques）。采用正则化技术可以防止模型记忆训练数据中的具体句子，也避免因训练数据文本来源集中影响模型学习普遍性的语言表达，以提高模型的泛化能力。⑦人类反馈和强化学习（human feedback and reinforcement learning）。引入人类反馈来微调模型的作答方式，强化其学习能力以优化模型。

基于 ChatGPT 突出的语言输出能力，再加上其背后来自大规模真实自然语言的训练数据文本，该模型在处理外语文本任务方面有着显著优势。它不仅能翻译文本，完成各类外语写作任务，也能对外语写作文本进行纠正反馈（Huang, *et al.*, 2022；Kuhail, *et al.*, 2023）。更重要的是，其响应速度极快，能在短短一两分钟内完成文本处理。因此，ChatGPT 能够成为二语学习者十分有用的虚拟学习助手。尤其在二语写作方面，当学习者独立完成写作后，可以通过与语言模型互动对话，获得实时的书面反馈，促进学生对写作文本进行自我评估和纠正，加深对错误的理解，从错误中学习，提高写作能力。这样互动的学习方式不仅能大大提高学习者的学习兴趣和效率，还能降低人力成本，解决师生"一对多"的矛盾和突破教学的时空限制（徐娟、马瑞祾，2023），让二语学习过程更为自主、灵活和高效。另外，蔡薇（2023）也指出，当学习者以书面形式和 ChatGPT 互动时，没有面对面互动所带来的压力，可以让他们有更长时间注意语言意义和形式；该模型的显性负面反馈也不会使学习者感到压力和尴尬，不会在情感上对学习者产生干扰。

在使用 ChatGPT 对写作进行纠正反馈时，学习者可以使用简单的提示语让模型快速对全文做出修改，如例 1 要求模型校对并修正语法错误；也可以在此基础上进一步让模型解释做出什么样的修改和为何修改，如例 2。

例 1 ：

RA Please proofread and correct the grammatical errors: 我觉得教育很重要。我每天上学校才三，四个小时。虽然时间不长，但是你可以学很多。如果你想做得好，你得准备好。我觉得生活中不是只有工作，而是需要教育。我开学以后，一直没有遗憾，我一直很幸福；听说教育的好处，我父母也很快乐。学校可能看起来很厉害，但是别担心。我觉得每个人应该上学。

我觉得教育很重要。我每天上学校才三四个小时。虽然时间不长，但是你可以学到很多。如果你想做得好，你必须做好准备。我认为生活中不仅仅是工作，还需要教育。我开学以后，一直没有遗憾，我一直很幸福；听说教育的好处，我的父母也很快乐。学校可能看起来很严格，但是别担心。我认为每个人都应该上学。

例 2 ：

Sure, here is a list of changes I made to the text and the explanations for each change:

1. Original: 我每天上学校才三，四个小时。
   Revised: 我每天上学校才三四个小时。
   Explanation: Removed the comma between "三" and "四" to follow the standard Chinese punctuation style where numerals are not separated by commas.
2. Original: 但是你可以学很多。
   Revised: 但是你可以学到很多。
   Explanation: Added the character "到" after "学" to convey the meaning of "learn" more accurately.
3. Original: 如果你想做得好，你得准备好。
   Revised: 如果你想做得好，你必须做好准备。
   Explanation: Replaced "得" with "必须" to convey a stronger sense of necessity and clarity in the sentence. Also, added the character "好" after "做" for better grammatical structure.
4. Original: 而是需要教育。
   Revised: 还需要教育。
   Explanation: Removed "而是" to simplify the sentence and make it more concise.

可以与模型讨论文本中某一词语、语法或者句子用法是否正确。例如，例 3 与模型讨论是否应该使用"了"。ChatGPT 并不总能准确地探测出错误并修正错误，如果对修正结果产生疑问，可以指出其错误，继续与其讨论寻找最佳修正方式，而 ChatGPT 会再次检查，重新输出修正结果。这一过程能促进该模型提高其纠错能力。

例 3：

> RA　Should I use "了" in the sentence "不过因为我刚从台湾回来了"? Why?

> Apologies for any confusion caused earlier. Let's clarify the usage of "了" in the sentence "不过因为我刚从台湾回来了."
>
> In this sentence, you should not use "了" after "回来." The correct version is: "不过因为我刚从台湾回来."
>
> The reason is that "刚" (gang) already indicates the action is recent or just happened. When you use "刚," it implies the completion of the action, so adding "了" after "回来" would be redundant and grammatically incorrect.
>
> So the correct sentence without "了" is: "不过因为我刚从台湾回来," which means "But because I just came back from Taiwan."

ChatGPT 不但能在准确性方面提供帮助，也能在多样性和连贯性方面做出修改。例如，例 4 要求模型提供不同的修改方式，帮助学习者在丰富的表达中选出最佳的表达方式。

例 4：

> RA　Is there other ways to say the sentence "我觉得我很幸运在台湾住了六个月"?

> Yes, there are other ways to express the sentence "我觉得我很幸运在台湾住了六个月." Here are some alternative ways to convey the same idea:
>
> 1. 我认为我在台湾住了六个月很幸运。
>   (Wǒ rènwéi wǒ zài Táiwān zhù le liù gè yuè hěn xìngyùn.)
>   Translation: "I believe I was very lucky to live in Taiwan for six months."
> 2. 在台湾住了六个月，我感到非常幸运。
>   (Zài Táiwān zhù le liù gè yuè, wǒ gǎndào fēicháng xìngyùn.)
>   Translation: "Having lived in Taiwan for six months, I feel very fortunate."
> 3. 我觉得在台湾住了六个月是我的幸运。
>   (Wǒ juéde zài Táiwān zhù le liù gè yuè shì wǒ de xìngyùn.)
>   Translation: "I feel that living in Taiwan for six months is my fortune."
> 4. 很幸运的是，我在台湾住了六个月。
>   (Hěn xìngyùn de shì, wǒ zài Táiwān zhù le liù gè yuè.)
>   Translation: "Fortunately, I lived in Taiwan for six months."

二语写作研究发现，书面纠正反馈在提高语言学习者写作能力方面起着至关重要的作用，而且这种影响是长期的（Kang，Han，2015）。书面纠正反馈的形式多样，其中有针对性的反馈有助于提高二语写作中的语法准确性（Bitchener，2008；Bitchener，Knoch，2010），直接反馈比间接反馈更有利于改善学习者的写作质量（Bitchener，Knoch，2010；Hashemnezhad，Mohammadnejad，2012；Frear，2012），使用元语言解释对促进学习者提高写作能力也有良好的效果（Sheen，2007；Shintani，Ellis；2013）。若学生在获得反馈后能马上做出修改，会对其提高写作水平大有帮助（Chandler，2003；Frear，2012；Van Beuningen，*et al.*，2012）。Barkaoui（2007）因此建议，在进行二语写作教学中，教师可以根据学生的具体水平和需要，有针对性地提出及时反馈，同时鼓励学生对写作文本进行自我评估和修正，培养他们从错误和纠正反馈中学习的意识，给予他们根据反馈进行修改的机会。而这些都能借助于ChatGPT 来实现，因此该语言模型在二语写作中的应用有相当大的潜力。

到目前为止，有关 ChatGPT 辅助外语教学的讨论并不多，现有的对外汉语教学研究主要集中于讨论如何在教学中运用该工具，但就该模型对汉语二语学习提供帮助的具体能力了解并不深，也缺乏相关的实证研究。为帮助教师和学习者更好地评估 ChatGPT 在汉语二语写作中的应用潜力，本文将对比分析汉语学习者的写作文本和 ChatGPT 修改过的文本，包括对两个版本的评分，探讨现阶段 ChatGPT 3.5 对汉语二语写作的纠

正反馈能力。

3　研究方法

3.1　语料

本研究的语料来自一所美国高校中级汉语综合课 25 位学生的日记，共 321 篇文章约 112844 字。这些学生的男女比例为 14∶11，年龄介于 20 岁到 24 岁（平均年龄为 21.23 岁，标准差 = 1.41），以英语为母语。这些日记是学生在一个学期内以作业的形式完成的，在写作日记时 ChatGPT 尚未面世，教师要求学生根据所给的话题独立完成日记，学生只能使用词典协助完成，而不能请母语者修改，对于写作的字数和时间长度则没有限制。

语料由三位汉语母语者转写后，由研究者使用 ChatGPT 3.5 进行修改，提示语为："Please proofread and correct the grammatical errors."（请校对和修改语法错误。）（图 1）

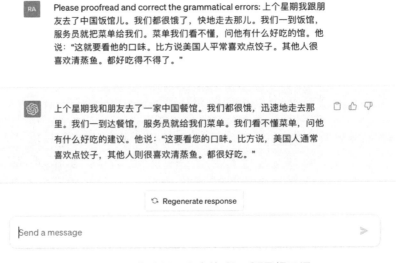

图 1　用以修改更正文本的 ChatGPT 提示语

3.2 分析方法

本研究通过两个方面去评估 Chat-GPT 的纠正反馈能力。一是对同一篇文章修改前后的两个版本进行评分，考察评分的变化。两位评分员在对研究不知情的情况下对文章进行评分，他们根据对文章的正确性、连贯性、是否地道等方面的综合印象进行评分，最低为 0 分（表示文章质量最差），最高为 10 分。评分员为国际汉语教学专业的研究生。得到评分后，再对数据进行统计分析，包括皮尔逊相关性分析和配对样本 T 检验。二是对其中的 100 篇文章修改前后两个版本文本之间的差异进行对比分析，根据下列四个方面 12 个次类的表现对语料进行分析和编码，然后汇总统计。这四个方面包括：①纠正错误。学生的作文出现标点、汉字、词语或语法等错误，语言模型能够识别出来并改正。②纠错失误，包括以下几种表现：有些是学生的作文有错误，但模型无法识别出来；没有改错，或修改后仍然有错；也有学生的作文没有错误，模型修改后反而出错；模型因为不能识别海峡两岸的表达差异，误认为学生出错而做出修改。③合理修改。学生的作文没有错误，但模型将其改得更为连贯或简洁。④过度修改。学生的作文并没有错误，但模型把它改为另一种表达方式，或者改用更书面或正式的表达方式，有时还会改变原文的意思，甚至自创新的内容（表 1）。

表 1　语料分类和编码

类　别	次　类
1. 纠正错误	1a. 纠正标点符号错误
	1b. 纠正错别字
	1c. 纠正错误用词
	1d. 纠正语法错误
2. 纠错失误	2a. 修改后仍然有错
	2b. 无法检测出错误，没有改错
3. 合理修改，原文无错误，修改使表达更连贯或简洁	
4. 过度修改	4a. 原文无错误，改用更书面或正式的表达方式
	4b. 原文无错误，改用另一种方式表达
	4c. 原文无错误，因无法识别海峡两岸的表达差异而修正
	4d. 原文无错误，修改后改变原文表达的意思
	4e. 原文无错误，修改后反而出错

4 结 果

4.1 文章修改前后的评分变化

两位评分员对 321 篇文章修改前后的两个版本进行评分。从图 2 可看到，修改前的文章综合平均分为 6.89，经过 ChatGPT 修改后文章的综合平均分有所提高，达到 7.75，提高了接近 1 分。尽管两位评分员的评分存在差异，但他们对修改后版本的评分均显著高于修改前版本，$t(642) = -55.07$，$p < 0.001$，而且两位评分员的评分之间存在显著正相关（$r = 0.6$，$p < 0.001$）。评分员 1 对修改前版本的评分均值为 6.48，对修改后版本的评分均值为 7.11，两个版本得分有显著差异，$t(321) = -34.25$，$p < 0.001$；评分员 2 所给的分数普遍相对较高，其对修改前版本的评分均值为 7.31，对修改后版本的评分均值为 8.39，同样地，两个版本得分有显著差异，$t(321) = -60.7$，$p < 0.001$（表 2）。两位评分员都认为，经过 ChatGPT 修改后的文章质量比修改前好，得分比修改前高。

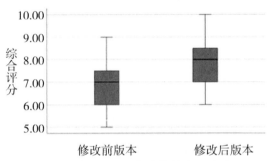

图 2　文章修改前后版本的综合评分差异

表 2　文章修改前后的评分差异

版本	综合评分		评分员 1		评分员 2	
	平均值	标准差	平均值	标准差	平均值	标准差
修改前（$N = 321$）	6.89	0.92	6.48	0.81	7.31	0.83
修改后（$N = 321$）	7.75	1.06	7.11	0.84	8.39	0.84

4.2 文章修改前后的表达差异

4.2.1 总体纠正反馈情况

本研究语料 321 篇文章共包含 2247 个句子，ChatGPT 对所有文章中的 635 个句子进行了 701 处修改。经过人工核对，原文有错误的共 307 处，模型成功检测出 266 处错误，错误检测率达到 86.64%，并正确修改了其中的 242 处错误，包括对标点符号（2.85%）、错别字（1.14%）、错误用词（11.13%）和语法错误（19.4%）的更正。对 307 处错误而言，修正成功率为 78.83%；模型无法检测出的错误共 41 处，占 13.36%（表 3）。

模型对文章中 394 处无错误的部分进行了修改，其中 16.50%（65 例）是合理修改，其余 83.50%（329 例）是不必要的过度修改。在对无错误修改的例子中，绝大部分的修改是换了另一种表达方式，但保持内容不变，共有 348 处，占 88.32%；有一些修正不仅更换了表达方式，内容也有所改变，共 42 处，占 10.66%；ChatGPT 偶尔会越帮越忙，原文无错误，但修改后反而出错，这样的情况不常见，只有 4 例，占 1.02%（表4）。

表 3　ChatGPT 的纠错情况

类　　别		次　　类	
1. 成功纠错	242 例 （34.52%）	1a. 纠正标点符号错误	20 例 （2.85%）
		1b. 纠正错别字	8 例 （1.14%）
		1c. 纠正错误用词	78 例 （11.13%）
		1d. 纠正语法错误	136 例 （19.4%）
2. 纠错失误	65 例 （9.27%）	2a. 修改后仍然有错	24 例 （3.42%）
		2b. 无法检测出错误，没有改错	41 例 （5.85%）
3. 合理修改，原文无错误，修改使表达更连贯或简洁			65 例 （9.27%）
4. 过度修改	329 例 （46.93%）	4a. 原文无错误，改用更书面或正式的表达方式	145 例 （20.68%）
		4b. 原文无错误，改用另一种方式表达	132 例 （18.83%）
		4c. 原文无错误，因无法识别海峡两岸的表达差异而修正	6 例 （0.86%）
		4d. 原文无错误，修改后改变原文表达的意思	42 例 （5.99%）
		4e. 原文无错误，修改后反而出错	4 例 （0.57%）

表 4　ChatGPT 纠错能力汇总分析

原文情况		纠错能力分析			
原文有错误	307 例	成功检测出错误 （1a. 纠正标点符号错误 1b. 纠正错别字 1c. 纠正错误用词 1d. 纠正语法错误 2a. 修改后仍然有错）	266 例 （86.64%）	成功检测出错误并纠正错误 （1a. 纠正标点符号错误 1b. 纠正错别字 1c. 纠正错误用词 1d. 纠正语法错误）	242 例 （78.83%）
				检测出错误但未能改错 （2a. 修改后仍然有错）	24 例 （21.17%）
		无法检测出错误 （2b. 无法检测出错误，没有改错）	41 例 （13.36%）		
原文无错误	394 例	合理修改 （3. 合理修改，原文无错误，修改使表达更连贯或简洁）	65 例 （16.50%）	修改时没有出错，没有改变内容，只改变表达方式 （4a. 原文无错误，改用更书面或正式的表达方式 4b. 原文无错误，改用另一种方式表达 4c. 原文无错误，因无法识别海峡两岸的表达差异而修正）	348 例 （88.32%）
		过度修改 （4a. 原文无错误，改用更书面或正式的表达方式 4b. 原文无错误，改用另一种方式表达 4c. 原文无错误，因无法识别海峡两岸的表达差异而修正 4d. 原文无错误，修改后改变原文表达的意思 4e. 原文无错误，修改后反而出错）	329 例 （83.50%）	修改时没有出错，但改变内容 （4d. 原文无错误，修改后改变原文表达的意思）	42 例 （10.66%）
				修改时出错 （4e. 原文无错误，修改后反而出错）	4 例 （1.02%）

4.2.2 成功纠错

ChatGPT 对文本进行纠错存在哪些特点和问题？下面将从四个方面 12 个次类通过例子展开说明。如前文所提到的，该语言模型有较强的检测错误和纠错能力，能有效地修正标点符号、汉字、词汇以及语法各个层面的错误。

ChatGPT 可以纠正标点符号错误（2.85%）。如例句（1a），学习者受英语的表达习惯影响，在列举物品时在"和"前加上顿号，这样的错误被ChatGPT 准确检测出来并删掉。

（1a）我的卧室里有两张床、两张桌子、和两个衣柜。

修改后的句子：我的卧室里有两张床、两张桌子和两个衣柜。

ChatGPT 也可以纠正错别字（1.14%）。以例句（1b）为例，学习者经常混淆"的、地、得"，形容词性状语修饰动词性谓语的结构中应该用"地"，但学生却错用"的"，ChatGPT 能够准确地纠正过来。

（1b）虽然她们很吵，但是她们很努力的打扫房子。

修改后的句子：虽然她们很吵，但是她们很努力地打扫房子。

ChatGPT 修改较多的是错误用词（11.13%）和语法错误（19.4%）。如例句（1c）中学生刚学了"恐怕"一词，但并未真正掌握该词的意思和使用语境而用错，ChatGPT 能够通过上下文理解语境并修改为"担心"。

（1c）我每天恐怕我会迟到。

修改后的句子：我每天都担心会迟到。

在例句（1d）中，学生句子的语序有误，ChatGPT 不仅能根据病句猜测学生原本要表达的意思，并能将其修改为正确的句子。学生的文章中有不少无法理解的病句，这些句子占语法错误的句子的41.91%，读者若不阅读文章的上下文，接触汉语中介语较少，不熟悉二语学习者的表达情况，往往难以猜测这些病句的意思。但 ChatGPT 能快速、有效地理解这些病句，并做出更正，其效率和有效性能与人工修改媲美，甚至高于人工修改。但值得一提的是，ChatGPT 是根据训练数据中母语者使用频率高的表达方式进行修改的，它不能像教师那样根据学生的语言水平，在原有用词的基础上做最小的更改。像例句（1d）本可以修改为"下个学期我要搬到校外的公寓"，只对语序做修改，但保留原来的用词，ChatGPT 却把"要"改为"打算"，这样的修改容易对学生产生误导，误以为"要"用错，需要更换。

（1d）下个学期我到校外的公寓要搬家。

修改后的句子：下个学期我打算搬到校外的公寓。

4.2.3 纠错失误

ChatGPT 有时也会出现纠正失误的问题，即可能会出现修改后仍然有错的情况（3.42%）。如在例句（2a）中，学生想使用刚学的结构"v. 来 v. 去"，因此把"一直说话聊天"表达成"说话来说话去"，尽管模型发现这样的说法不对，但却改为另一种错误的表达"来来去去地说话"。

（2a）我们可以说话来说话去，但是他们心里根本没有我。

修改后的句子：我们可以来来

去去地说话，但他们根本不在意我。

在一些情况下，ChatGPT 无法检测出错误，没有改错（5.85%），其中 1 处为标点符号错误，4 处为错误用词，36 处为语法错误。如例句（2b），"跟 + n. + 打交道"通常与某些特定的名词搭配，如表示人的名词或具体的事物"（金）钱、数字"等；但不能与表示学科的名词搭配，因此学生的说法"跟人体解剖打交道"不正确。但 ChatGPT 未能发现这一错误，没有修正，只是把"跟"改为更书面的"与"。

（2b）我学的运动科学对我很合适，因为我喜欢跟人体解剖打交道。

修改后的句子：我学习运动科学非常合适，因为我喜欢与人体解剖打交道。

总的来看，ChatGPT 对错别字的纠错率最高，达到 100%，标点符号的纠错率为 95.24%，错误用词的纠错率为 95.12%，而对语法错误的纠错率只有 79.07%。

4.2.4 合理修改

ChatGPT 不仅能修正错误，而且还能通过修改使表达更连贯或更简洁，提高表达的质量（9.27%）。如在例句（3.1）中，模型在"否则"前添加逗号，把长句分成两个分句，并在第二个分句前加上主语，另外也把具有独立意思的最后两个分句独立成一个完整的句子，这样的修改使句子的表达更连贯和清楚。例句（3.2）模型把学生用以举例的长句子缩短，使表达简洁而清楚。

（3.1）因我们的脑子健康那么重，我们要选保持脑子健康的习惯

否则会越来越不快乐，即使有时你会很忙，也一定要专心身体与脑子的健康。

修改后的句子：因为我们脑子的健康如此重要，我们应该选择保持脑子健康的习惯，否则我们会越来越不快乐。即使有时你会很忙，也一定要专心关注身体和脑子的健康。

（3.2）乐园卖的纪念品千奇百怪。例如说，你不但可以买衣服，而且还可以买各种各样的玩具。

修改后的句子：游乐园出售的纪念品各种各样，例如衣服和各种玩具。

4.2.5 过度修改

通过观察语料发现，模型经常有过度修改的情况，出现频率占所有经过修改部分的 46.93%，占无错误句子的 84.36%，也就是说，ChatGPT 更改的内容中有近一半本来并无错误。模型普遍存在把现有表达改得更书面和更正式的倾向（20.68%）。如例句（4a），学生使用"从来没有 + v. + 过"的结构，这样的表达比较口语化，模型使用较高级的词语将其改为更书面的表达方式"从未 + v. + 过"。这样的修改对学习者了解书面语有好处，让他们接触到新的词汇和结构。但这样的修改有时也存在问题，学生有时想使用刚学的语法结构而且用对时，若模型将其修改，容易导致学生以为自己用得不对而被修正，不仅影响学生对该语法结构的学习，也会降低其日后使用该新学结构的积极性。

（4a）我之前从来没去过，所以我觉得很有意思。

修改后的句子：我之前从未去过，所以觉得非常有意思。

有时 ChatGPT 会把原来没有错误的表达换成另一个词语或另一种方式表达（18.83%），这样的变化并不会对原来的表达有任何改善，显得多此一举。如例句（4b），学生原来使用"不管"并没有任何问题，但模型却把它改为"无论"。这样的改变不但对提高文章质量没有起到任何促进作用，反而会对学生产生误导作用，间接否定了学生原有的表达，容易让学生误以为自己的表达方式不正确。

（4b）有厌食症的人不管他们有多瘦，平常说自己太胖了。

修改后的句子：有厌食症的人无论他们有多瘦，通常会说自己太胖了。

另外，受到训练数据来源的限制，ChatGPT 有时会出现无法识别海峡两岸的表达差异的现象（0.86%）。例如在例句（4c）中，学生因为曾在台湾地区生活过而使用其常用的说法"读书"，但模型却将其改为在大陆地区常用的说法"学习"，该词也显得更正式，但并没有必要做这样的修改。

（4c）我没有时间找着社团活动。我要么读书要么睡觉。（台湾地区的说法）

修改后的句子：但是我没有时间参加社团活动。我要么学习要么睡觉。

上述提到的过度修改的例子尽管改变了表达方式，但并没有改变原文的意思，这样的情况占过度修改例子的绝大部分，比例为 88.32%。但剩下的 10.66% 的情况需要特别注意，ChatGPT 会在原文无错误的情况下做出修改，并

改变原文表达的意思（3.85%），甚至会自创并添加新的内容（2.14%）。例句（4d.1）学生原本要表达的是"呕吐"，但模型把该词改为"恶心"，改变了原文的意思。模型还常常会把"很"改为"非常"，如例句（4d.2）。

（4d.1）平常，我们一会家就我的朋友呕吐。

修改后的句子：有时候，我们回家后我的朋友会感到恶心。

（4d.2）我们现在不知道网络的将来，但是我感觉我们会看起来这是很合适。

修改后的句子：我们无法预测网络的未来，但我觉得它对我们来说非常合适。

除此之外，还有学生原文没有错误，但 ChatGPT 画蛇添足，把正确的句子改成错句（0.57%）。如例句（4e）使用两个分句表达，句子并没有错，结果模型却做出修改后，把句子改成错句，这一错句的语序明显受到英语的影响。

（4e）我在一个超市面试，这个超市叫做"南边的超市"。

修改后的句子：我去了一个超市叫做"南边的超市"进行面试。

5 总 结

本研究通过使用 ChatGPT 3.5 对 321 篇二语汉语学习者的日记进行修正，探讨该语言模型对汉语二语写作的纠正反馈能力。我们进行了两方面的评估，一方面是对同一篇文章修改前后版本的评分进行对比，另一方面是对其中 100 篇文章修改前后版本的文本差异做详细的对比分析。

研究发现，经过 ChatGPT 修正的文

章整体质量有所上升。两位评分员的评分存在差异，但他们都一致认为修改后的文章有所改善，对修改后版本的评分显著高于修改前版本。尽管二语学习者写作分数的高低很大程度上受到评分员的主观判断和文章本身质量的影响，使用 ChatGPT 对文章做出修改，能改变评分员对文章的印象，显著地提高分数。

在从四个方面（包括纠正错误、纠错失误、合理修改和过度修改）12 个次类对两个版本的文本差异进行对比分析后发现，ChatGPT 有相当强的纠错能力，其错误检测率高达 86.64%，且修正成功率达到 78.83%。ChatGPT 能够识别并更正不同方面的错误，尤其在识别学生无法理解的句子方面表现尤为出色，能够快速有效地理解病句并进行修改。ChatGPT 对错别字的修正能力最强，其次为标点符号和错误用词，对语法错误的纠正能力不如其他方面好。除了检测和改正错误以外，ChatGPT 也能改善表达，使用更地道、更书面和更连贯的方式表达，为学习者的写作提供很好的写作建议和示范，也能介绍新的词语和句式，既是很好的二语写作辅助工具，也能促进学习者在使用模型的过程中自学新内容。

ChatGPT 在修改时存在一个十分突出的特点，那就是普遍把原有表达修改得更书面化、更正式。这样的做法一方面能够帮助学习者更熟练掌握汉语的书面语表达，接触到更多的书面词汇和结构；另一方面，这种修改容易导致学生误以为自己的表达有错，影响学生对该语法结构的学习效果，也可能降低其日后使用这些结构的积极性，对他们的语言学习产生消极影响。

除此以外，ChatGPT 在修改过程中也存在一些问题和缺陷，需要在使用过程中加以注意。ChatGPT 频繁出现对无错误的表达过度修改的情况，修改仅是换一种说法或更换词语，对表达质量没有影响，有时甚至会改变原文所表达的意思。这种反馈容易对学生产生误导作用，使他们误以为自己表达有错，无法准确判断自己语言学习的效果。有时 ChatGPT 还会把正确的句子改为错误的表达，做出错误的示范，干扰正常的学习。另外，ChatGPT 受到训练数据来源的限制，对海峡两岸不同用词和表达不够敏感，会因此出现过度修正的情况。同时，ChatGPT 这一工具与教师截然不同的地方是，当学习者尝试使用所学到的新词语或新语法时，ChatGPT 常常会在修改中换成别的说法，不利于学生对所学知识学以致用，并有可能造成学习者对如何使用这些新词语和新语法产生困惑，无形中增加学习难度。ChatGPT 也不能像教师那样根据学生的语言水平，在原有用词的基础上对学生的写作做最小的改动。如果想避免 ChatGPT 过度修改，学习者需要使用更为细致和精确的提示语，例如："只修改语法错误，如果表达正确，不必改变""请不要把文章改得太正式"等。另外，学习者也不能完全依靠该工具对其写作进行修正反馈。教师的参与是十分必要的，教师应该尽量对 ChatGPT 修改结果进行复查，并根据学生的语言水平和学习内容进行相应的改变，以及提供更有针对性的反馈建议。

未来的研究可以进一步深入探讨 ChatGPT 对于不同语言水平的写作文本和各类写作任务的纠正反馈表现，以及与人工修改的结合应用，以实现更加准确和有效的写作纠正反馈辅助支持。

参考文献

蔡薇. ChatGPT 环境下的汉语学习与教学 [J]. 语言教学与研究, 2023 (4).

徐娟, 马瑞祾. ChatGPT 浪潮下国际中文教育的技术变革 [J]. 国际汉语教学研究, 2023 (2).

BARKAOUI K. Rating scale impact on EFL essay marking: A mixed-method study [J]. Assessing writing, 2007, 12 (2).

BITCHENER J, YOUNG S, CAMERON D. The effect of different types of corrective feedback on ESL student writing [J]. Journal of second language writing, 2005, 14 (3).

BITCHENER J. Evidence in support of written corrective feedback [J]. Journal of second language writing, 2008, 17 (2).

BITCHENER J, KNOCH U. Raising the linguistic accuracy level of advanced L2 writers with written corrective feedback [J]. Journal of second language writing, 2010, 19 (4).

CHANDLER J. The efficacy of various kinds of error feedback for improvement in the accuracy and fluency of L2 student writing [J]. Journal of second language writing, 2003, 12 (3).

COHEN A D, CAVALCANTI M C. Feedback on compositions: Teacher and student verbal reports [C] // KROLL B. Second language writing. Cambridge: Cambridge University Press, 1990: 155 – 177.

EVANS N W, HARTSHORN K J, MCCOLLUM R M, et al. Contextualizing corrective feedback in second language writing pedagogy [J]. Language teaching research, 2010, 14 (4).

FREAR D. The effect of written corrective feedback and revision on intermediate Chinese learners' acquisition of English [D]. Auckland: The University of Auckland, 2012.

FERRIS D R. Student reactions to teacher response in multiple-draft composition classrooms [J]. TESOL quarterly, 1995, 29 (1).

FERRIS D R. Response to student writing: Implications for second language students [M]. New York: Routledge, 2003.

FERRIS D R. Does error feedback help student writers? New evidence on the short-and long-term effects of written error correction [C] // HYLAND K, HYLAND F. Feedback in second language writing: Contexts and issues. Cambridge: Cambridge University Press, 2006: 81 – 104.

FLORIDI L, CHIRIATTI M. GPT-3: Its nature, scope, limits, and consequences [J]. Minds and machines, 2020, 30 (4).

GUÉNETTE D. Is feedback pedagogically correct? Research design issues in studies of feedback on writing [J]. Journal of second language writing, 2007, 16 (1).

HARTSHORN K J, EVANS N W, MERRILL P F, et al. Effects of dynamic corrective feedback on ESL writing accuracy [J]. TESOL quarterly, 2010, 44 (1).

HASHEMNEZHAD H, MOHAMMADNEJAD S. A case for direct and indirect feedback: The other side of coin [J]. English language teaching, 2012, 5 (3).

HEDGCOCK J, LEFKOWITZ N. Feedback on feedback: Assessing learner receptivity to teacher response in L2 composing [J]. Journal of second language writing, 1994, 3 (2).

HUANG W, HEW K F, FRYER L K. Chatbots for language learning—Are they really useful? A systematic review of chatbot: Supported language learning [J]. Journal of computer assisted learning, 2022, 38 (1).

KANG E, HAN Z. The efficacy of written corrective feedback in improving L2 written accuracy: A meta-analysis [J]. The modern language journal, 2015, 99 (1).

KOHNKE L, MOORHOUSE B L, ZOU D. ChatGPT for language teaching and learning [J]. RELC journal, 2023, 54 (3).

KUHAIL M A, ALTURKI N, ALRAMLAWI S, et al. Interacting with educational chatbots: A systematic review

［J］. Education and information technologies. 2023，28（1）.

LEKI I. The preferences of ESL students for error correction in college-level writing classes ［J］. Foreign language annals, 1991, 24（3）.

POLIO C. The relevance of second language acquisition theory to the written error correction debate ［J］. Journal of second language writing, 2012, 21（4）.

RUSSELL J, SPADA N. The effectiveness of corrective feedback for the acquisition of L2 grammar：A meta-analysis of the research ［C］// NORRIS J M, ORTEGA L. Synthesizing research on language learning and teaching. Amsterdam：Benjamins. 2006：133 – 164.

SABZALIEVA E, VALENTINI A. ChatGPT and artificial intelligence in higher education：Quick start guide ［R］. UNESCO, 2023. https：// www. iesalc. unesco. org/wp-content/uploads/2023/04/ChatGPT-and-Artificial-Intelligence-in-higher-education-Quick-Start-guide_EN_FINAL. pdf.

SHEEN Y. The effect of focused written corrective feedback and language aptitude on ESL learners' acquisition of articles ［J］. TESOL quarterly, 2007, 41（2）.

SHEEN Y. Introduction：The role of oral and written corrective feedback in SLA ［J］. Studies in second language acquisition, 2010, 32（2）.

SHINTANI N, ELLIS R. The comparative effect of direct written corrective feedback and metalinguistic explanation on learners' explicit and implicit knowledge of the English indefinite article ［J］. Journal of second language writing, 2013, 22（3）.

STORCH N, WIGGLESWORTH G. Students' engagement with feedback on writing：The role of learner agency/beliefs ［C］// BATSTONE R. Sociocognitive perspectives on language use and language learning. Oxford：Oxford University Press, 2010：166 – 185.

SUZUKI W, NASSAJI H, SATO K. The effects of feedback explicitness and type of target structure on accuracy in revision and new pieces of writing ［J］. System, 2019, 81.

TRUSCOTT J. The effect of error correction on learners' ability to write accurately ［J］. Journal of second language Writing, 2007, 16（4）.

TRUSCOTT J, HSU A Y P. Error correction, revision, and learning ［J］. Journal of second language writing, 2008, 17（4）.

VAN BEUNINGEN C G, DE JONG N H, KUIKEN F. Evidence on the effectiveness of comprehensive error correction in second language writing ［J］. Language learning, 2012, 62（1）.

刘瑜，美国杨百翰大学，84602

rachelyuliu@ byu. edu

谭坦，中国人民大学国际文化交流学院，100872

2022101584@ ruc. edu. cn

陈青，中国人民大学国际文化交流学院，100872

chenqing1006329@ 163. com

汉语学术语篇话语标记语使用情况考察与分析①

李欣珂

摘　要： 本文基于对人文、社科和理工三大学科学术语篇中话语标记语使用情况的考察，分析了人文、社科和理工三大学科学术语篇中话语标记语使用情况的共性和特性，并按使用频次高低列出了最常用的通用学术汉语话语标记语表、分类型话语标记语表、专用话语标记语表。结合研究发现，本文对学术汉语教学与研究提出了相关建议。

关键词： 学术语篇；话语标记语

　　学术语篇具有自己独特的语体特征，学术语篇中的话语标记语是体现其语篇特征的重要成分。对于汉语二语学习者来说，了解和掌握学术语篇话语标记语的用法，有助于更好地理解和构建学术语篇，从而达到熟练运用汉语进行专业学习和完成学术性任务的目标。目前关于学术汉语的研究还较为薄弱，对不同学科门类学术语篇话语标记语的考察分析尤为欠缺。

　　本文基于自建语料库，对汉语学术语篇中的话语标记语使用情况进行考察和分析。

1　语料来源和概念界定

1.1　语料来源

　　由于目前没有较为成熟的大型汉语学术文献语料库，因此我们采取自建语料库的方法。进入语料库的文本内容覆盖人文、社科、理工三大类，每一大类中按影响力和知名度选取 4 种学科，每一学科中综合参考《CSSCI（2021—2022）来源期刊目录》、《2020—2021 年版北京大学核心期刊目录》、《复旦大学学位与研究生教育国内期刊指导目录》（2018 年 1 月修订版）和影响因子选取 5 本国

---

　　① 本文为笔者硕士学位论文《基于语料库的学术汉语话语标记语研究》中的一部分，衷心感谢导师吴中伟教授对本文的指导。

内权威学术期刊，每一本期刊中随机抽取 3 篇在 2018 年 7 月 1 日至 2021 年 6 月 30 日期间发表的论文，最终得到 180 篇期刊论文语料，形成共约 225 万字的学术语料库。

1.2　话语标记语及其类型

本文把话语标记语界定为：实际交际中能够表示衔接连贯关系及发话人主观性评价，参与语篇意义的构建和理解的连接性表达式。话语标记语的语体范畴包括书面、口头两类，本文仅以书面语中的话语标记语为考察对象。

我们认为，李秀明（2011）以语篇功能和人际功能两大类别构建的类型框架较适用于书面话语标记语分析。李秀明（2011）依据这一类型框架，对 15 万字文学、语言学和力学学术论文自建语料库进行了语料分析和数据统计，虽然语料库较小，涉及的学科也不多，但其分析结果初步证实了这一框架应用于学术汉语话语标记语的可行性和有效性。但由于李秀明（2011）在研究时对话语标记语的界定和我们有所出入，因此表中存在一些不属我们界定范围内的表达式（如召唤读者标记语"你""我们"），同时又将一些我们认为是话语标记语的表达式剔除在外（如附加式标记语"此外"）。因此，我们以李秀明（2011）为基础，结合其它从功能角度建构汉语话语标记语分类体系的研究成果（冉永平，2000；孙利萍、方清明，2011 等），最终形成本文话语标记语类型框架（表 1）。

表 1　话语标记语类型框架

话语标记语类型			举例
语篇功能话语标记语	话题结构标记语	话题选择	值得一提的是，值得注意的是
		话题开始	我想说的是，话说
		话题转换	说到，顺便说一下，话又说回来
		话题结束	到此为止，就这样
		序数序列连接成分	首先……其次……最后，接下来，第一……第二……
	衔接连贯标记语	并列式	同时，相应地，无独有偶，同样
		递进式	再说，更有甚者，又有，进一步
		附加式	此外，另外
		总结式	总之，总的看来，归根结底，综上所述
		让步式	尽管如此，当然，虽然这样
		条件式	要不是这样，无论/不论如何，无论/不论/不管怎样
		目的式	为此
		推论式	那么，由此看来，因此，因而，这样
		转折式	然而，事实上，实际上
		对比式	相比之下，反之
		内指式	上面说到，第二章提到……
		针对式	对此

续表 1

话语标记语类型			举　例
语篇功能话语标记语	证据来源标记语	直接证据	实验结果表明，大量数据说明
		间接证据	有消息称，据悉，据……记载
	注释说明标记语	换言式	这就是说，换句话说，即，具体而言
		举例式	例如说，以××为例
		定义式	顾名思义
		视角式	从……来看，在……方面
人际功能话语标记语	表达观点标记语	含糊表达	一般来说，某种程度上，个人认为
		明确表达	很明显，显而易见的是，毫无疑问，在任何意义上
	评价态度标记语	话语评价	所幸的是，遗憾的是
		言语行为	说好听一点，坦率地说，恕我直言，不瞒你说
	交际互动标记语	信息状态	大家知道，众所周知
		读者协商	请看下表，注意

1.3　语料数据指标

对本文数据整理和分析中出现的相关指标，说明如下：

（1）频数。即话语标记语的出现次数。对于序数序列连接成分，我们统一将一组话语标记语视作整体，不对组内单独的话语标记语重复计数，以"第一……第二……第三"为例，出现一组只计数 1 次，而不是按"第一""第二"和"第三"分别计数 3 次。

（2）种数。即话语标记语出现的种类数。在话语标记语的种类判定上，为便于提取更具有代表性的话语标记语表，我们采取相对宽松的标准，以一个典型形式为一种类，其下可能包含各种变体，每一种类的典型形式即为其种类内使用频率最高的标记语。这些变体主要包括：①在核心结构框架内的微调，如"需要特别说明的是""需要进一步说明的是"都是"需要说明的是"的变体；②具有不同语体色彩但具有相同核心语义和语用功能，如"总的来说""总而言之"和"总体而言"都是同一种类。

（3）密度。即话语标记语使用频数和语料文本字数之比。本文以平均每万字中话语标记语的个数作为话语标记语密度标准。

（4）累积频率。累积频率原本是词汇研究中用以判断某一语体文本在词汇选择方面保守程度的一个重要指标，指词种数在词汇总数中的比重（吕文涛、姚双云，2018）。这里我们将这一指标引入话语标记语研究，指话语标记语种数在频数中的比重，以判断不同学术领域中话语标记语使用情况是否存在保守程度上的差异。累积频率越低，使用保守程度越高。

（5）变体度。即话语标记语总变体数和总种数之比，以比较不同学术领域中话语标记语使用的范式性。变体度越低，说明范式性越高。

（6）覆盖率。这一概念由阚明刚、侯敏（2013）提出，指的是需要多少种类话语标记在所有话语标记语中能达到一定比例。这一指标能量化一定语域下话语标记语使用的集中性高低，有效聚焦最应该进入二语学习者学习范畴的话语标记语。

2 三大学科话语标记语使用共性

2.1 整体使用共性

根据对本研究中自建语料库的统计，话语标记语整体使用数据如表 2 所示。

从表 2 可以看到，总库中话语标记语的平均密度为 61.84。目前已有的汉语

书面语篇话语标记语研究中，标记语的密度数据不一，这主要是因为各家对于话语标记语的判定和范围有宽有窄。范围处理较为宽泛的，密度普遍在每万字 100 个上下，如穆从军（2010）测定汉语报纸社论中标记语密度为 1 个/百字，李秀明（2011）测定汉语学术语篇中密度为 99.4 个/万字；范围处理较严格的，密度便较低，如阚明刚、杨江（2017）测定汉语书面语篇中密度为 5.09 个/万字。与本文处理范围相似的，近年来有江韵（2017）测定美国在华留学生理工类学术论文中的话语标记语密度数据，为 3.2 个/千字。考虑到二语学习者和母语者的使用差异①，我们和江文的密度数据差异是合理的。

表2 学术汉语期刊论文语料总库话语标记语整体使用情况

类别	文本总字数	频数	种数	变体数	密度	累积频率	变体度
人文类	760065	5317	495	806	69.95	9.31%	1.63
社科类	1033880	6816	437	786	65.93	6.41%	1.80
理工类	453951	2253	192	310	49.63	8.52%	1.61
总库	2247896	14386	704	1367	61.84[1]	4.89%	1.94

1）为消除三类学科抽样语料的字数差距带来的影响，本文总库密度均取三个学科门类密度的平均值。

从累积频率来看，总库均低于三个门类，这说明学术汉语中话语标记语的使用保守程度较高，常用的话语标记语较为典型，基本印证了学术汉语中存在通用话语标记语。同时，总库的变体度又均高于三个学科门类，说明总库中话

语标记语的范式性较低。

总库中话语标记语种数和覆盖率的关系如表 3 所示。可以明显看出，学术期刊中话语标记语的使用具有极强的集中性和典型性，不到总种数 35% 的标记语就能够覆盖 95% 的使用需求。

---

① 目前的研究仅显示英语二语学习者的话语标记语使用密度普遍低于母语者（王立非、祝卫华，2005）。至于汉语方面，白娟、贾放（2006）统计发现汉语二语学习者在口语交际中话语标记语使用数量较低，但书面语中孰低孰高这一问题还有待研究。

表3　学术汉语期刊论文语料总库话语标记语种数和覆盖率

话语标记语	覆盖率					
	50%	60%	70%	80%	90%	95%
种数	19	31	50	82	142	232
占总种数比例	2.70%	4.40%	7.10%	11.65%	20.17%	32.95%

我们对总库中使用密度最高的 100 种标记语按照如下标准进行筛选后，得到以下 90 种最常用的通用学术汉语话语标记语。本文的筛选标准为（需同时满足）①：①属于使用密度最高的 100 种话语标记语范围；②至少在两个以上的学科门类中高频出现，且在每个学科中的密度均不低于 0.10；③三个学科门类中密度最高者不低于其它门类密度的 3 倍。

值得一提的是，这 90 种最常用通用话语标记语和后文的 20 种最常用专用话语标记语，总体上与各学科门类中常用话语标记语具有极高的重合度，只有各学科门类中极个别常用话语标记语不在这 110 种标记语范围内。

常用的通用学术汉语话语标记

1. 即
2. 因此
3. 如……
4. ……认为
5. 例如
6. 此外
7. 一方面……另一方面
8. 同时
9. 根据……（间接证据）
10. 但是
11. 然而
12. 首先……其次
13. ……指出
14. 例如
15. 其中
16. 数据/实验等表明（直接证据）
17. 见……
18. 一是……二是
19. 可见
20. 第一……第二
21. 从……看
22. 当然
23. 可以看出
24. 除……外
25. 所以
26. 不过
27. 可知
28. 也就是说
29. 调查结果等表明（间接证据）
30. 另外

31. 为此
32. 显然
33. 以……为例
34. 事实上
35. 与此同时
36. 换言之
37. 有……认为
38. 那么
39. 综上所述
40. 总之
41. 从……看
42. 对此
43. 实验分析等发现（直接证据）
44. 相反
45. 而且
46. 在……看来
47. 按照……
48. 实际上
49. 由此
50. 综上
51. 其一……其二
52. 我们认为
53. 那么
54. 根据……（直接证据）
55. 在这里
56. 所谓
57. 从……看
58. 这表明
59. 值得注意的是
60. 就……而言

61. 反之
62. 再如
63. 总体而言
64. 我们发现
65. 在……方面
66. 数据/实验等显示（间接证据）
67. 据此
68. 同样
69. 与……相比
70. 在……方面
71. 可以发现
72. 基于此
73. 如前所述
74. 本文认为
75. 可以说
76. 调查/实验等发现（间接证据）
77. 笔者认为
78. 不仅如此
79. 进一步
80. 诸如
81. 一般而言
82. 因而
83. 从/由……可知
84. 鉴于此
85. 重要的是
86. 这样
87. 譬如
88. 我们看到
89. 在……上
90. 于是

---

① 不符合条件 2 和条件 3 的话语标记语将归入下文的专用学术汉语话语标记语。

2.2 类型使用共性

在学术期刊论文中，话语标记语类型使用的最大共性特点是语篇功能标记语的使用密度远高于人际功能（表4）。潘先军（2021）指出，书面语体中话语标记语功能类型使用程度从高到低依次为篇章功能、互动功能、人际功能。本文所述语篇功能标记语即潘文所述篇章功能标记语，而互动功能和人际功能类型的话语标记语则统一归到人际功能类型中，标记语在大类上的分布特点和学术汉语的书面语体性质是相适应的，也体现出学术汉语更关注行文的缜密而非表达作者情态。

话语标记语在二级类型上的分布按频率高低排序为：衔接连贯 > 证据来源 > 注释说明 > 话题结构 > 表达观点 > 评价态度 > 交际互动，这在三个学科门类中也完全一致。尤其是衔接连贯、证据来源和注释说明三类标记语，即使是在占比最低的理工类语料库中三者的频率之和也已经超过75%，这三个类型无疑应当是学术汉语话语标记语教学中的重中之重。

表 4　学术汉语期刊论文语料总库话语标记语类型使用密度和频率比

一级分类	二级分类	人文类	社科类	理工类	总库
语篇功能	话题结构	7.13（10.19%）	8.67（13.15%）	4.54（9.14%）	6.78（10.96%）
	衔接连贯	21.47（30.69%）	24.16（36.65%）	25.80（51.98%）	23.82（38.51%）
	证据来源	19.49（27.85%）	14.67（22.15%）	8.99（18.11%）	14.36（23.22%）
	注释说明	16.60（23.74%）	13.27（20.13%）	8.33（16.78%）	12.73（20.58%）
	合计	64.69（92.48%）	60.70（92.08%）	47.65（96.01%）	57.68（93.27%）
人际功能	表达观点	4.22（6.04%）	4.28（6.48%）	1.74（3.51%）	3.41（5.52%）
	评价态度	0.68（0.98%）	0.63（0.95%）	0.13（0.27%）	0.48（0.78%）
	交际互动	0.36（0.51%）	0.32（0.46%）	0.11（0.22%）	0.26（0.42%）
	合计	5.26（7.52%）	5.22（7.92%）	1.98（3.99%）	4.16（6.72%）

说明：表中括号内频率比为不同类型话语标记密度和总密度之比。

考察发现，在使用最多的衔接连贯类标记语中不同学科门类的使用整体上是差异性大于共性的（尤其是理工类，和其它两类的差异十分明显）。但在高频使用的话语标记语种类上，我们仍然能看到较高的同质性：推论式、转折式、附加式和并列式四种标记语每种在三个分库中的使用占比都达到了5%以上。

其中，推论式无疑是最重要的一类标记语。不论是什么学科门类的论文，论文的本质意义和目的都是作者向读者传达自己的研究结果和结论，推论式标记语则是衔接前置论据或实验数据和结论之间的必要链条。这一类标记语中最常用的标记语形式是"因此"，在三个分库中使用密度都位列第一，使用频率也占总库推论式标记语的43.29%。

除此之外，"可见"（8.10%）、"可以看出"（6.37%）、"所以"（5.7%）、"可知"（5.04%）也是学术论文中常用的推论式标记语，只是各学科门类在具体选用上存在不同的倾向性，如以基于文字材料进行逻辑推论为主要论述方式的人文类更倾向于使用"可见""可知"，以基于实验数据进行假设验证为主要研究方式的理工类更倾向于可以配合图表使用的"可以看出"，社科类的倾向性则介于二者之间。

其它类型的话语标记语则基本保持了较高的共性：

（1）注释说明类标记语中举例式和换言式标记语基本能够覆盖绝大部分使用需求，在三个学科门类中的使用频率占比之和都超过了90%，说明学术论文中在论述较为艰涩或抽象的对象时，用更简单或更有概括性的话进行讲解和举例论证是十分重要且有效的语言手段。

（2）三个字库中注释说明类标记语都体现出极高的集中性，前10种典型通用话语标记语就能够覆盖论文写作中的使用需求。

（3）话题结构类标记语中序数序列连接成分标记语和话题选择标记语是主要的标记语分布类型，在三个学科门类中的使用频率占比之和都超过了90%。其中，序数序列连接成分中序列连接成分（如"一方面……另一方面""首先……其次……最后"等）均高于序数连接成分（如"一是……二是""第一……第二"等）。

（4）人际功能类型标记语中表达观点类标记语在三个学科门类中使用占比都高于80%，并且含糊表达标记语占主要地位（>60%），其中，自称式标记语占了45.49%。李秀明（2011）认为，作者为避免对某个命题信息做出完全肯定的表达和评价时会使用含糊表达标记语，而当其对自己论述观点的准确性具有很大把握时则会使用明显表达标记语。这提示我们，虽然人际功能类型标记语在学术汉语中的使用占比较低，但这并不意味着学术论文的写作可以完全无视人际功能标记语。实际上，在论文中推导结论时，作者往往会采用恰当的标记语表达观点，以达到加强结论说服力、为自己的判断留有余地或使话语更具亲和力的语用目的。

除此之外，在各标记语的变体中，学术语篇整体倾向于更书面化、更简洁凝练的形式，如："具体而言"和"具体来说"，三个学科门类都更倾向于"具体而言"；"可知"和"可以得知"，三个学科门类都更倾向于"可知"。

表5是总库中各类型前10名通用话语标记语①明细。

---

① 通用话语标记语的标准同上。

表5　学术汉语期刊论文语料总库各类型前10名通用话语标记语

排名	话语标记语	平均密度	覆盖率	排名	话语标记语	平均密度	覆盖率
衔接连贯话语标记语							
1	因此	3.26	13.69%	6	见……	0.62	35.87%
2	此外	1.33	19.28%	7	可见	0.61	38.41%
3	同时	1.19	24.28%	8	当然	0.50	40.51%
4	但是	1.08	28.83%	9	可以看出	0.48	42.54%
5	然而	1.05	33.25%	10	除……外	0.48	44.54%
证据来源话语标记语							
1	……认为	2.21	15.39%	6	有学者认为	0.29	39.51%
2	根据……（间接）	1.16	23.47%	7	调查等发现（直接）	0.24	41.18%
3	……指出	0.98	30.27%	8	在……看来	0.22	42.73%
4	数据等表明（直接）	0.67	34.96%	9	按照……（间接）	0.22	44.27%
5	实验等表明（间接）	0.37	37.51%	10	根据……（直接）	0.19	45.61%
注释说明话语标记语							
1	即	3.86	30.32%	6	也就是说	0.38	82.88%
2	如……	3.07	54.44%	7	以……为例	0.33	85.47%
3	例如	2.04	70.44%	8	换言之	0.29	87.72%
4	又如	0.69	75.83%	9	再如	0.17	89.05%
5	从……看	0.52	79.92%	10	在……方面	0.16	90.29%
话题结构话语标记语							
1	一方面……另一方面	1.22	17.99%	6	那么	0.28	64.26%
2	首先……其次	0.99	32.60%	7	从……看	0.26	68.09%
3	其中	0.68	42.58%	8	其一……其二	0.21	71.19%
4	一是……二是	0.61	51.62%	9	所谓	0.19	73.94%
5	第一……第二	0.58	60.18%	10	值得注意的是	0.18	76.55%
人际功能话语标记语[1]							
1	显然	0.33	7.93%	6	本文认为	0.15	29.01%
2	我们认为	0.20	12.66%	7	可以说	0.15	32.61%
3	在这里	0.19	17.31%	8	笔者认为	0.13	35.82%
4	就……而言	0.17	21.47%	9	一般而言	0.13	38.86%
5	我们发现	0.16	25.40%	10	重要的是	0.11	41.59%

1）由于人际功能话语标记语种数明显少于语篇功能话语标记语，因此这里将人际功能话语标记语视为一个整体，不做下位分类描述。

3 不同学科话语标记语使用差异

3.1 整体使用差异

我们对三个学科门类的话语标记语使用密度进行差异性显著差异检验，发现三个学科组之间存在显著性差异（$F = 19.288$，$p < 0.001$），其中人文类和社科类之间无显著性差异（$p = 0.122$），而人文类和理工类之间、社科类和理工类之间存在显著性差异（$p < 0.000$）。这说明在话语标记语的数量使用上，人文类、社科类与理工类之间的差别远大于人文类和社科类之间的差别。

另外，可以看到在话语标记语的使用密度上呈现出人文类 > 社科类 > 理工类的趋势，话语标记语的需求逐级减弱，而三个学科门类的数据性和实验性特征恰好是逐科递增的，这或许在一定程度上说明学术论文中这两者呈反比关系。

根据关联理论，发话人为了制约受话人对自己语言的解码和推理过程，会想方设法为受话人提供足够的关联信息，以吸引受话人的注意。在这个过程中，发话人使用话语标记语可以将推理程序信息暗含在话语中，明确话语信息，增加话语的语境效果，制约受话者对话语含义的推导过程（何自然，2006），保证受话人能够尽快寻找到话语关联性。论文中的实验（或调查）一般由数个有逻辑关联和前后顺序的小实验或调查组成，文章的组合和行文则配合这些实验（或调查）之间递进的实施步骤而展开，这种内在的顺序和关联也承担着连接上下文、引导读者层层递进的作用，在一定程度上发挥着话语标记语的功能意义。这些步骤和图表数据中的隐含信息已经足以使读者"用最小的力气获得最大的语境效果"（冉永平、薛媛，1998），作者也就无需再专门使用标记语去明示话语信息。

另外，我们发现三个学科门类期刊论文中标记语密度的离散程度也是人文类最高，社科类、理工类依次递减（图1）。这也许说明，人文类论文写作中话语标记语的使用受研究内容、作者喜好、专业研究范式等因素影响的程度更大。

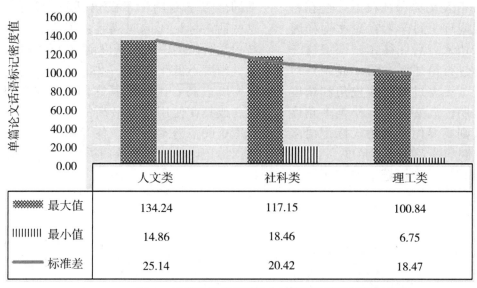

	人文类	社科类	理工类
▩ 最大值	134.24	117.15	100.84
‖ 最小值	14.86	18.46	6.75
── 标准差	25.14	20.42	18.47

图1 各学科门类期刊论文话语标记语密度离散程度

3.2　类别使用差异

话语标记语各类型的分布有如下特点：

（1）从话题结构类标记语内部的使用频率上看，人文类对话题开始和话题转换标记语的使用明显高于社科类和理工类。这也许跟人文类论文倾向于多角度阐述及因此而带来的较多话题转换有关。

（2）从衔接连贯类标记语内部的使用频率上看，人文类对目的式标记语的使用明显低于社科类和理工类，这或许和人文类学术研究的应用性和实用性较低有关，研究论题往往并非为了解决现实生活急需解决的应用问题。此外，理工类对内指式标记语的使用明显高于社科类和人文类，在其它类别标记语的使用上则普遍低于后两者，尤其是让步式、条件式、转折式、对比式和针对式这五种。

（3）从注释说明类标记语内部的使用频率上看，理工类对视角式标记语的使用明显低于人文类和社科类。这在一定程度上说明理工科学者在论文写作时选好角度和切入点后往往紧密围绕这一角度和话题进行论述，一图（或表）对应一个结论，无需过多切换视角和角度进行阐释说明；人文类和社科类多角度的阐释方式则需要使用视角式标记语来提醒读者，制约读者的理解角度。

（4）证据来源类标记语的使用是三个学科门类中使用差异最大的一个标记语类型。在直接来源标记语的使用上，人文类＜社科类＜理工类，这和三个学科中的研究范式和论据形式有很大关系。理工类多实验、多模型计算，社科类次之，人文类则最少，为保证论文的整体可信性和说服力，人文类会引用更多的前人研究和相关文献材料，以佐证自己的观点产出。

（5）从人际功能标记语的使用密度上看，人文类＞社科类＞理工类，主观介入程度依次递减。从其内部二级分类的使用频率上看，理工类对话语评价式标记语的使用明显低于社科类和人文类。这表明人文和社科两个学科门类的学术话语中，作者更常作为干预者，通过表达自己的评价、情感来和读者互动（李秀明，2011），和读者产生共鸣并形成联盟，以提高读者对自己论述的理解和认可；理工科则更专注于研究本身和讲解实验等论据的客观性及完善度。此外，理工类在明确表达式标记语的使用上明显高于人文类和社科类。

最后，本文根据平均使用密度和位差列出以下专用学术汉语话语标记语，这些话语标记语同时满足：①至少属于某一学科门类中使用密度前100的范围，且其密度不低于0.20；②三个学科门类中密度最高者不低于其它门类密度的3倍，或其在使用密度最高的学科门类与总库中的位差≤－30。各专用学术汉语话语标记语的所属学科门类用"【】"标出。

常用的专用学术汉语话语标记语

1. 如……所示【理工类】

2. ……说【人文类】

3. 从/由……可以看出（直接证据）【理工类】

4. 从/由……可知（直接证据）【理工类】

5. ……提出【人文类】

6. 数据/分析等显示（直接证据）【社科类】

7. ……发现【社科类】

8. ……规定【社科类】

9. ……称【人文类】

10. 具体而言【社科类】

11. 正如……所说的【人文类】

12. ……强调【人文类】

13. 特别地【理工类】

14. 从而【理工类】

15. 至于……【人文类】

16. 其实【人文类】

17. 在……中【人文类】

18. ……载【人文类】

19. 从……而言（视角式）【人文类】

20. 类似地【理工类】

21. 总的来看【社科类】

4 结论和启示

综上，从整体和下位类型两方面来看，汉语学术语篇中话语标记语的使用具有以下几个特征：其一，尽管不同学科门类中存在话语标记语一定程度的变体差异，但总体来看，保守程度和范式性都较高，且不同学科门类中高频使用的标记语大致是共通的。其二，语篇功能标记语的使用需求远大于人际功能需求，体现出较低的主体介入程度。语篇功能标记语中的衔接连贯、证据来源、注释说明是主要标记语来源，人际功能标记语中则以表达观点标记语为主。其三，学术语篇更倾向于选择书面化、简洁化的话语标记语形式。

目前，学术汉语教学正引起汉语教学界的高度重视，结合本文研究所带来的启示，我们认为在学术汉语教学方面目前需要进一步重视以下问题：

（1）加强学术汉语教学的理论研究。本研究得出的结论印证了专门用途语言教学理论中将学术语言教学区分为通用学术语言教学和专用学术语言教学两个层面的合理性，但这一理论框架还需要进一步细化和完善。

（2）加强对汉语母语者高水平学术语篇的研究。只有充分了解母语者学术语篇的特点，对二语者的学术汉语教学才有坚实的基础。本文基于自建语料库，按使用频次高低列出了最常用的通用学术汉语话语标记语表、分类型话语标记语表、专用话语标记语表，希望对相关教学大纲制定和教材编写等具有参考作用，但本文的语料仅来自人文、社科、理工三大学科领域，有一定局限性（如没有包括医科等）。关于汉语母语者高水平学术语篇的特点，在许多方面都还需要进一步深入研究。

（3）加强对来华留学学历生的学术汉语能力研究和习得情况研究。如果将留学生的学术语篇与汉语母语学术研究工作者的学术语篇进行对照，如将留学生论文习作中的话语标记语使用情况与本文结论进行对比，一定会发现许多有意思的问题。需要指出的是，留学生论文习作的不足，不应简单归咎于其学术汉语能力的不足，也反映了大学本科生作为学术研究新手在学术研究能力上的不足（在这一点上，以汉语为母语的中国大学生也存在同样的问题）。

（4）加强学术汉语能力标准建设和课程建设。在上述研究基础上制定面向汉语二语者的汉语学术能力等级标准和教学大纲，建设从学术汉语教学到专业汉语教学的课程体系，研发相关教材和教学资源，都是摆在我们面前的迫切任务。结合本研究的启示，我们建议，可以在预科项目和本科公共汉语课程中开设通用性学术汉语课程，以满足各学科专业学习中通用性中文运用的需求，包括通用性的汉语知识教学和汉语技能教学，也可以按照学科大类开设文科汉语、理工汉语等课程，开展相对意义上的通用性学术汉语教学。

参考文献

白娟，贾放.汉语元语用标记语功能分析与留学生口头交际训练［J］.语言文字应用，2006（S2）.

何自然.认知语用学言语交际的认知研究［M］.上海：上海外语教育出版社，2006.

江韵.美国留学生习作中的汉语元话语标记调查研究［D］.南京：南京大学，2017.

阚明刚，侯敏.话语标记语体对比及其对汉语教学的启示［J］.语言教学与研究，2013（6）.

阚明刚，杨江.话语标记概貌分析与情感倾向探索［M］.长春：吉林文史出版社，2017.

李秀明.汉语元话语标记语研究［M］.北京：中国社会科学出版社，2011.

吕文涛，姚双云.词汇规制与立法语言的简明性［J］.语言文字应用，2018（4）.

穆从军.中英文报纸社论之元话语标记对比分析［J］.外语教学理论与实践，2010（4）.

潘先军.话语标记的语体特征与对外汉语话语标记教学［J］.对外汉语研究，2021（1）.

冉永平，薛媛.关联理论与语用研究［J］.重庆大学学报（社会科学版），1998（4）.

冉永平.话语标记语的语用学研究综述［J］.外语研究，2000（4）.

孙利萍，方清明.汉语话语标记的类型及功能研究综观［J］.汉语学习，2011（6）.

王立非，祝卫华.中国学生英语口语中话语标记语的使用研究［J］.外语研究，2005（3）.

李欣珂，复旦大学，200433

727059052@qq.com

基于汉硕核心课程建设的国际中文教育学科育人路径与方法

陈　晨

摘　要： 本文以汉语国际教育专业硕士（留学生）核心课程的建设为例，探讨如何贯彻新时期我国高等教育内涵式发展的要求，落实《教育现代化2035》文件精神，根据学科专业建设和教育教学改革的新要求，探索基于核心课程建设的国际中文教育学科育人的路径与方法，以期推动国际中文教育学科和事业的更大发展。

关键词： 汉语国际教育专业硕士；课程建设；核心素养；国际中文教育学科；育人路径与方法

当前，国际中文教育事业蓬勃发展，需要一大批合格的国际中文教师。解决海外中文教师人才巨大缺口问题的一个重要举措就是培养本土中文教师。近年来，国内高校汉语国际教育硕士专业国外生源的培养正是顺应了这一趋势。鉴于国外生源汉语国际教育专业硕士生即将成为海外本土汉语教师的重要来源的现状，本文以汉语国际教育专业硕士（留学生）核心课程的建设为例，探讨如何贯彻新时期我国高等教育内涵式发展的要求，落实《教育现代化2035》文件精神，根据学科专业建设和教育教学改革的新要求，探索基于核心课程建设的国际中文教育学科育人的路径与方法，以期推动国际中文教育学科和事业的更大发展。

1　汉语国际教育专业硕士（留学生）培养中的问题及相关研究现状

2010年，国务院学位办公布试行了面对国外生源的《全日制汉语国际教育硕士专业学位外国留学生指导性培养方案》（以下简称《留学生方案》），将培养目标和要求确定为："培养了解中国，理解中华文化，具有较熟练的中国语言文化教学技能和跨文化交际能力，胜任汉语教学任务的专门人才。具备良好的专业素质和职业道德；具备较熟练的汉语教学技能；具有较好的中华文化理解能力和中外文化融通能力；具有较强的跨文化交际能力；具有一定的语言文化项目组织、管理与协调能力。"总体上看，《留学生方案》培养目标凸显了以汉语国际教育职业需要为目标的国际汉语教师的三大能力，即汉语作为外语的教学能力、中华文化传播能力和跨文化交际能力。此外，为适应海外汉语教学环境，还特别强调汉语课堂教学组织与管理能力的培养，以及教师基本素质的养成与教师的自我发展，为国际汉语教师培养与培训课程体系的建设明确了方向与目标（赵金铭，2011）。但是，在一线的教学实践中，笔者发现有些汉语国际教育专业硕士（留学生）的实际表现与培养目标还存在不小的差距，呈现出来的突出问题有：汉语作为外语的教学能力、中华文化传播能力和跨文化交际能力不强，独立思考、自主学习与创新能力、思辨等能力有待提高。如何在课程建设中使上述人才培养目标和要求得以实现，特别是如何以课程建设为抓手，来实现学科育人的目标，解决人才培养过程中凸显的问题，还需要我们结合一线教学实践来进行深入探讨。

汉语国际教育专业硕士（留学生）的培养目标体现了国际中文教育学科的育人目标。要在教学实践中实现这一目标，解决人才培养中的突出问题，教师必须转变教学理念，将传统的以知识和技能传授为本、以教为主的教学方式转变为以人为本、重视培养学生核心素养、以学为主的教学方式。这实际上是一种育人方式的变革，也顺应了 21 世纪教育教学改革发展的新趋势：根据核心素养的要求选择和组织学科知识内容，从而使学科知识内容直接服从、服务于核心素养的需要。这就必然引发课程观、知识观向"以人为本"的转型，这也必然带来课堂教学的变革（余文森，2022）。

关于基于专业核心素养进行课程建设的问题，国际中文教育界对这一领域的关注还较少，以往的研究多关注于以下问题：课程设置和人才培养目标的探讨（如汪国胜，2011；张英，2012）、课程内容与教材的探讨（如赵金铭，2015；李泉，2015）、教学内容与教学环节的探讨（如张秋娥，2015）、教学模式与教学法的探讨（如黄露阳，2012）等，而基于专业核心素养进行课程建设的研究成果尚未见到，该领域的研究亟待加强。本文中，笔者将结合近年来围绕培养学生专业核心素养为目标进行的课程建设教学改革实践，以汉语国际教育专业硕士（留学生）核心课程"汉语作为第二语言教学"的建设为例，来探讨国际中文教育学科育人的路径和方法。

2 基于核心课程建设的学科育人路径

基于汉语国际教育专业硕士（留学生）核心课程建设的国际中文教育学科育人的途径主要体现在以下四方面：一是学科知识和学科教学的育人功能体现在构建"人－知"有效互动关系，在教学中，全方位地培养人；二是学生对课程知识的深度学习，具体体现在课程知识观（主张"知识的教育立场"）、教学观（注重学生体验、反思、自觉的实践过程）、教学评价观（关注学生学习的自我效能感、学生表现性学习评价）等方面；三是注重学生学科实践能力的发展，主要体现在采用基于活动观的专业实践活动来实现育人目标；四是注重学生学科探索的专业素养的形成，主要体现在通过问题导向、任务导向和成果导向培养学生的专业素养。本文将结合汉语国际教育专业硕士（留学生）核心课程"汉语作为第二语言教学"的教改实践，来探讨以上四个途径实施的具体方法。

2.1 构建"人－知"有效互动关系

学科育人的目标具体体现在指向培养学生专业核心素养的课程教学的各方面。从学科知识的角度来看，学科知识和学科教学的育人功能体现在构建"人－知"互动关系，在教学中，学科知识和育人功能不应割裂开来，应通过"人－知"有效互动，全方位地培养人。在学科知识选择上，应根据核心素养的要求选择和组织学科知识内容，从而使学科知识内容直接服从、服务于核心素养的需要，学科知识应体现学科育人价值，并围绕学科育人价值加以选择、组织、设计和展开（余文森，2022）。以"汉语作为第二语言教学"课程的教学内容为例，课程所选取的专业知识应注重从多学科、多角度阐释第二语言教学的基本原理和主要教学法流派，引导汉语国际教育专业硕士研究生了解汉语作为第二语言教学的发展历程，认识国际汉语教学的现实状况与发展趋势，思考汉语作为第二语言教学与其他第二语言教学的共性与个性，把握汉语作为第二语言教学的基本构架，形成合理的汉语作为第二语言教学的知识结构体系。引导学生准确理解汉语作为第二语言教学的特点、基本理论、基本方法和主要教学模式；培养学生具备教材分析、使用和编写的基本能力，具备利用现代教育技术从事多种教学类型和多种课程的跨文化汉语教学能力，努力形成从事汉语作为第二语言教学的专业素养、专业技能和专业发展能力（全国专业学位研究生教育指导委员会，2020）。

2.2 指导学生进行课程知识的深度学习

当前，学术界对深度学习的界定基本一致，即指主动的、探究式的、理解性的学习，要求学习者主动地构建知识意义、将知识转化为技能并迁移应用到真实情景中来解决复杂问题，进而促进学习者的元认识能力、问题解决能力、批判性思维、创造性思维等高阶能力的发展。深度学习是一种与浅层学习相对应的学习方式，它本质是为学生发展服务的。深度学习能够引起学生在认知、情感、技能等方面发生系统的变化，学科核心素养和关键能力得到整体提升。这也是近年来学界倡导学生进行深度学习的宗旨（郭元祥、黄瑞，2017）。倡导深度学习的教学观主要体现在课程知识观（主张"知识的教育立场"）、教学观（注重学生体验、反思、自觉的实践过程）和教学评价观（注重学生学习的自我效能感、学生表现性学习评价）等方面。近年来，笔者在"汉语作为第二语言教学"课程的教学中，能够有意识地关注课程知识的育人价值，重视通过创设真实情境，帮助学生重建知识与生活世界的联系，引导学生通过体验、反思、自觉的实践过程，驱动高阶思维导向的知识运用和协作探究等学习活动；重视引导学生识别情境中的问题，通过问题驱动来帮助学生从被动的知识接受转化为主动的知识运用，解决实际问题；在教学评价中，关注了学生的自我效能感、学生表现性学习评价等新的评价理念，结合学生学习过程，进行学生学习质量的过程监测，及时发现学习中的问题。以上举措都有效改进了教学效果。

2.3 注重发展学生学科实践的能力

学科实践活动是核心素养形成的路径，基于活动观的专业实践活动要求学生在身体参与和亲身经历中进行学习，把认知与行动、理论与实践、学科知识与日常生活有机融为一体，从而实现育人目标（余文森，2022）。汉语国际教育专业硕士（留学生）毕业生是海外本土化汉语教师的重要来源，作为核心课程的"汉语作为第二语言教学"肩负着国际中文师资培养的重任，在教学中必须以学科实践活动作为课程建设的抓手，建立实践型的育人方式，这是实现国际中文教育学科育人目标的必由之路。

2.4 培养学生形成学科探索的专业素养

培养学生形成学科探索的专业素养主要体现在通过问题导向、任务导向、成果导向来培养学生的专业素养。教师在"汉语作为第二语言教学"的教学中，应高度重视引导学生通过解决问题、完成任务或创造出作品（成果）达到学以致用，进而培养其独立思考、批判性思维、自主学习、协作探究和创新等能力。

3 基于核心课程建设的学科育人方法

基于上文所述的汉语国际教育专业硕士（留学生）培养的总目标，笔者将具体目标确定为发展学生的教学能力、文化意识和跨文化沟通能力、思维品质、学习能力等学科核心素养。据此，必须改革创新以下课堂教学形态，主要包括：教师教学理念的转变与创新，教学内容与教学资源的创新，教学方法、教学手段和教学模式的创新，课程评价方法和体系的创新。以下将结合核心课程"汉语作为第二语言教学"的教改实践，来探讨学科育人的具体方法。

3.1 教学理念的转变与创新

教师教学理念的转变与创新主要体现在从关注学生学习汉语知识和汉语教学技能的教学理念，转变为关注培养学生的学科核心素养，教学中注重知识、能力和素养三元融合，以体现国际中文教育学科育人的价值和目标，重新进行整体教学设计。以"汉语作为第二语言教学"课为例，近年来笔者已将该课程的教学目标调整为：培养学生通过该课程的学习逐步形成和提升适应信息时代、知识能力和全球化时代以及个人终身发展需要的国际中文教学能力、文化意识和跨文化沟通能力、思维品质和学习能力。其中，国际中文教学能力由国际中文教学知识和国际中文教学技能整合而成，文化意识指对中外文化的理解和对优秀文化的认同，思维品质指在逻辑性、批判性和创新性等方面表现出来的能力和水平，学习能力指学生积极运用和主动调适课程内容学习策略、拓宽课程内容学习渠道、努力提升课程学习效果的意识和能力。

3.2 教学内容的创新

教学内容的创新主要体现在通过构

建"人－知"有效互动关系，引导学生通过深度挖掘提炼专业知识体系中所蕴含的人文、思想价值和精神内涵，引导学生进行课程知识的深度学习、发展学科实践的能力以及形成学科探索的专业素养，使之较熟练地掌握中国语言文化教学技能和跨文化交际能力，成为胜任国际中文教学任务的专门人才。具体举措如下：

（1）以知识传授作为所有教学活动的基础，在开展各种学习活动（包括引导学生进行批判、质疑与创造）之前，确保学生已经充分了解相关的知识，活动后的教师评价也应有知识层面的评价指导。此外，在实际教学中，教师应帮助学生对知识进行归纳，建立多重关联，以完善学生的知识结构。例如，在"汉语作为第二语言教学"的教学中，教师在课程开始时，可以向学生介绍汉语作为第二语言教学的几大模块，以及学科的发展脉络，帮助学生在头脑中建立相关的知识图谱；在随后的教学中，教师可以引导学生在不同章节的知识之间建立联系，如不同流派的观点有何异同，要求学生对不同理论发表看法，做出评价；在设计课后作业时，教师还应结合具体的汉语作为第二语言的教学情境，鼓励学生综合运用所学知识解决教学实践中的具体问题，而非单纯考查学生对各种概念的记忆。

（2）深入挖掘课程知识负载的思维、人文和实践价值，实现知识的再创造。例如，在"汉语作为第二语言教学"的教学中，教师在教授语言教学法流派时，可以针对某一教学法流派的观点，向学生提出问题："与其他教学法流派相比，这一教学法的优势和不足是什么？如何在教学中弥补这一教学法的不

足？"学生可以从多角度将其与其他教学法流派做纵横对比，对模块发展脉络有更清楚的认识，并结合教学实践，对已有知识进行反思、质疑、挑战与创新，既提高了思维品质，也提升了实践能力。再如，在"汉语作为第二语言教学"课中讲授汉语教材编写这一部分内容时，可以给留学生布置如下的作业：选取一套目前使用较多的较有代表性的汉语教材，分析一下教材所呈现出的中国国情的内容，并对其设计的合理性与否予以评价。这类作业有利于引导学生对所学课程知识人文价值的深度挖掘，并且聚焦于学生的文化素养，丰富学生文化学习的实践，提升学生进行跨文化交际的实践能力，可谓"一举多得"。除此之外，对课程知识实践价值的挖掘还可以体现在课程的评价体系中，教师在设计考核时可适当增加"问题－解决"式实践考核的比重。例如，笔者在该课程教学中，在考核学生的汉语语音教学知识和教学能力时，曾做出如下考核要求："针对你所在的国家的学生学习汉语语音时常出现的问题，进行汉语语音教学设计。"这类"问题－解决"式考核能够很好地促进学生的专业知识深层内化，从而将学生的内在素质更好地外显为解决问题的能力。

3.3 教学资源的创新

教学资源的创新主要体现在更新教学资源内容，创新教学资源的形式，增加更加丰富的多媒体、多模态、数字化资源，改进教学效果。例如，笔者在"汉语作为第二语言教学"的教学中，在选取教学材料时，注意及时融入国内外与该领域相关、适于学生理解水平的

教材、期刊以及著作中最新的研究成果，从而保证了课程内容的"与时俱进"，体现出课程内容的前沿性和创新性。此外，注意创新教学资源的形式，除了纸本教学材料以外，还利用多媒体技术，融合音频、视频、动画等多种元素对教学材料电子版课件进行了适时更新和补充，将传统的纸质教学材料转化为适用于各种终端学习的互动性高的立体化、数字化教学资源；还采用了与课程内容相关的微课、慕课等数字化教学资源作为学生课下自主学习的补充资源，收到了很好的教学效果。

3.4 教学方法、教学手段和教学模式的创新

教学方法、教学手段和教学模式的创新主要体现在在教学中贯彻学思结合、以创为本的学习活动观的宗旨，除了传统的讲授法外，高度重视以学生为中心开展教学，采用启发式教学、体验式教学、问题－解决式教学、案例教学、研究性教学等教学法以及翻转课堂、研讨式教学等新型教学模式，同时注重信息技术与教学的深度融合，围绕培养学生专业核心素养的目标来组织课堂问答、课堂展示、协作探究、课下调研、课外实践等各种学习活动，引导学生开展体验式学习、自主学习、研究性学习、合作式学习，在此基础上，培养学生的实践能力和自主创新能力。此外，为了取得更好的促学效果，笔者还利用微信、电子邮件等信息化平台，建立了教师和学生的学习共同体，师生交流、互动更加密切，为学生提供了更好的指导和帮助。与此同时，师生关系也更为和谐，营造了良好的教学和学习环境。

3.5 课程评价方法和体系的创新

课程评价方法和体系的创新主要体现在从教－学－评一体化的角度，以培养学生核心学科素养这一目标为抓手，创新、优化了教学评价方式，在以往主要关注学生掌握"课程知识＋教学技能"的教学评价基础上，还关注了学生的自我效能感、表现性学习评价等新的评价理念，通过指向素养的阶段性测验、项目式学习和反思性总结等，来评价学生核心素养的综合表现，构建了更为系统、科学、丰富的评价体系。

4 结 语

通过培养汉语国际教育硕士（留学生）专业核心素养的核心课程建设研究，来探讨国际中文教育学科育人的路径与方法，在业内是一个崭新的领域。在此基础上建设的课程体系不再是碎片化、零散的体系，而是一个素养导向的整合、关联、发展的完整的学科育人体系。这一领域的研究顺应了 21 世纪教育教学发展和课程改革的最新趋势，值得深入探讨。本文是对近年来笔者在此领域所进行的教改探索的阶段性研究成果，后续研究还在进展之中，不足之处敬请方家指正。

参考文献

郭元祥，黄瑞."深度教学"如何真实发生［J］.今日教育，2017（6）.

黄露阳.汉语国际教育硕士教学能力培养刍议［J］.教育教学论坛，2012（9）.

李泉.汉语国际教育硕士专业建设的开拓性成果：读赵金铭总主编 MTCSOL 系列核心课教材［J］.国际汉语教育，2015（2）.

全国专业学位研究生教育指导委员会.汉语国际教育硕士专业学位研究生核心课程指南《专业学位研究生核心课程指南（一）（试行）》［S］.北京：高等教育出版社，2020.

汪国胜.对汉语国际教育硕士培养相关问题的反思［J］.湖北大学学报，2011（4）.

余文森.学科育人价值与学科实践活动：学科课程新标准的两个亮点［J］.全球教育展望，2022（4）.

张秋娥.《汉语作为第二语言教学》教学内容设计刍议［J］.安阳师范学院学报，2015（1）.

张英.汉语国际教育硕士课程与教学实践：以北京大学为例［J］.国际汉语教育，2012（1）.

赵金铭.国际汉语教育研究的现状与拓展［J］.语言教学与研究，2011（4）.

赵金铭.汉语国际教育硕士专业学位课程与教材研究［J］.国际汉语教育，2015（1）.

陈晨，中国人民大学，100872

chenchen@ ruc. edu. cn

《叠合的中华文化与传播》课程实践调研报告

颜湘茹　王　诺

摘　要： 为适应汉硕生复合型人才培养要求，2022 年 9 月到 2023 年 1 月，"中华文化与传播"课程首次面向中山大学汉硕生配套使用了新出版的教材《叠合的中华文化与传播》。本文对使用该教材之后的课程教学实践进行了调查，发现 86% 的学生认为课程注重"中华文化"与"传播"二者的叠合特质，最感兴趣的课程内容分别是文化课教学试讲、中华文化知识讨论和传播理论知识讲授。97% 的学生认为课程内容与复合培养目标相契合，该教材与课程相契合。而汉硕生课程学习中的困难主要是：知识方面，缺乏中华文化、传播理论、教学方法等知识；实践方面，对文化教材和文化课视频资源认知模糊，难以准确提炼试讲课程中的重难点；能力方面，课堂教学、小组沟通协作和文化教学研究能力不足。针对上述困难，可借鉴支架教学概念改进将来的教学，突出工具支架、范例支架和教师支架的作用。

关键词：《叠合的中华文化与传播》；课程；支架教学

汉语国际教育硕士研究生（以下简称"汉硕生"）作为硕士研究生中的特殊群体，具有三重身份特质：既是进行海内外汉语教学的主力军，又是接受高等教育的硕士研究生，还是未来的预备役教育工作者（丁安琪，2018）。2022 年 2 月，"中华文化与传播"课程的配套教材《叠合的中华文化与传播》出版，希望能改善该课程缺乏量身定做教材的局面。2022 年 9 月到 2023 年 1 月，"中华文化与传播"课程首次面向中山大学 2022 级汉硕生配套使用了《叠合的中华文化与传播》教材，该教材与该课程配套使用的实践情况有了第一手实例和反馈。本文针对首次配套使用教材的课程教学实践进行问卷调查，了解汉硕生对"中华文化与传播"课程教学的反馈，并尝试提出相应改善建议。

1　课程设置与教材介绍

"中华文化与传播"作为汉硕生的核心课程，具备文化师资培训、师资教育和师资发展的功能，侧重复合型和实践性（颜湘茹，2012）。该课程在中山大学的设置情况是：作为汉硕生第一学期必修课，共 36 课时，在一学期内完成。为适应汉硕生文化传播、文化教学研究和文化教学实践能力相结合的复合培养框架，教学内容分成三部分，每部分用 12 学时：第一部分为课程基础，以中华文化知识学习为主，培养学生文化传播能力；第二部分以文化教学研究论文作为学习范例，培养学生文化研究能力；第三部分为课程实践部分，以学生模拟试讲为主，培养学生文化教学实践能力。

在教学方法和模式方面，课程以建构主义教学模式为理论基础，强调以学生为中心，视学生为认知的主体和知识意义的主动建构者，教师对学生的意义建构起帮助和促进作用（何克抗，1997）。课程教学方法多样，在教学环节中包含情境创设和协作学习，综合使用了教师课堂讲授、文化活动案例分析、班级讨论、小组讨论、课后阅读、文化教学研究论文范例学习、教学录像观摩、个人试讲等多种形式，期末成绩评定以学生在学期中的小组讨论情况、个人试讲和期末小论文完成情况为依据。

为密切配合课程教学，在十数年该课程教学与相关研究积累基础上，《叠合的中华文化与传播》于 2022 年出版，希望方便教师授课和学生学习。教材突出两点：第一，强调"中华文化与传播"中的"中华文化"和"传播"二者的叠合特质；第二，强调对汉硕生文化传播、文化教学研究与文化教学实践能力的复合培养。教材共三编，分别对应上述三方面能力培养，选取了部分往届汉硕生组织的面向留学生的中国文化活动案例、数篇国际中文教育领域文化教学研究论文和部分往届汉硕生文化教学实践案例，结合传播学理论加以分析，总结出文化传播、文化教学研究与文化教学实践三方面可供汉硕生

将来教学和研究借鉴的传播理论视角。教材力争使案例与理论有机融合，教学研究与实践相辅相成，助力汉硕生成为复合型高水平汉语国际教育人才。

2　问卷调查与结果分析

2.1　问卷设计与发放情况

2.1.1　问卷设计情况

问卷调查设计成三部分：第一部分是受调查者的基本信息，包括其本科毕业院校、本科所学专业，以及本科阶段是否开设中华文化与传播类课程；第二部分是本课程教学情况，包括汉硕生对课程总体情况、教学内容、目标和方法、教材与课程适配度等教学情况的反馈，采用 5 级量表和多选题，共 7 道题；第三部分是课程学习个体反馈和课程设置建议，由两道开放问答题组成。设计问卷时参考了潘之欣（2002）的课程设置调查问卷及王俊、刘若泳（2012）的研究生课程与教学改革效果调查问卷，并根据本次研究的具体情况做了修改。

2.1.2　问卷发放情况

本问卷调查时间为 2023 年 1 月，调查对象是中山大学中文系 2022 级汉硕生。本次调查对被调查者发放匿名问卷并即时回收，共整理出有效问卷 36 份，其中男性 4 人，女性 32 人。

2.2　调查结果分析

2.2.1　汉硕生基本信息

在收集到的 36 份有效问卷中，本科就读于中山大学的有 4 人，占 11.11%；

有 2 人本科就读于师范院校，占 5.56%；另有 4 人为留学生，本科就读于海外学校，占 11.11%。在所学专业方面，本科为汉语国际教育专业的学生最多，占比 44.44%；排在第二位的为汉语言文学及相关专业，占 33.33%（图 1）。

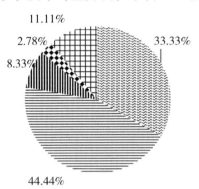

11.11%
2.78%
8.33%
33.33%
44.44%

≋ 汉语言文学、汉语言、
　 中国语言、中国研究

= 汉语国际教育

‖ 英语、俄语、朝鲜语

▣ 传播学

┼ 其他（财务管理、旅游
　 管理、工商管理、机械
　 设计制造及其自动化）

图 1　汉硕生本科专业构成情况

而汉硕生本科所在学校"是否开设了中华文化与传播及类似课程"，调查发现 16 名学生（44.44%）所在学校开设过这类课程，20 名学生（55.56%）所在学校未开设此类课程。

2.2.2　"中华文化与传播"课程教学
情况调查

通过调查可知，在对本学期课程注重强调"中华文化"与"传播"二者叠合特质的认同度方面，绝大部分学生（86.11%）认为课程注重强调"中华文化"与"传播"二者的叠合特质，无人选择"非常不同意""不太同意"和"一般"。这说明课程基本实现了配套教材《叠合的中华文化与传播》的设计理念。

如表 1 所示，在实际教学内容中，学生最感兴趣的前三项依次是"文化课模拟试讲"（86.11%）、"中华文化知识讨论"（77.78%）和"传播理论知识讲授"（77.78%），而选择最少的为"文化课教学录像点评"（50%）。"文化课教学录像点评"和"文化课模拟试讲"都属于文化教学实践，但学生对后者兴趣明显更浓厚，这或许与模拟试讲更具体验感有关。另外，学生对文化教学研究的兴趣要弱于文化传播和文化教学实践。

表 1　本学期所教内容中汉硕生最感兴趣的部分

选　项	小计	比　例
中华文化知识讨论	28	77.78%
传播理论知识讲授	28	77.78%
中国文化教材评估/分析	22	61.11%
中国文化教学研究评价	25	69.44%
文化课教学录像点评	18	50%
文化课模拟试讲	31	86.11%
其他（请补充）	0	0%
本题有效填写人次	36	

如图 2 所示，近一半学生

（44.44%）认为"文化课教学录像点评"应该增加课时比例，其次有38.89%的学生认为"中华文化知识讨论""中国文化教学研究评介"应该增加课时比例。较少有增加课时比例需求的内容为"中国文化教材评估/分析"（22.22%）和"文化课模拟试讲"（25%），前者需求少或许与教材评估/分析的趣味性弱、理论性强有关，后者需求少或许是因为实际教学中的试讲实践已较为充分。此外，结合表1来看，尽管学生对"文化课教学录像点评"的兴趣还不够浓厚，但普遍认可其在"中华文化与传播"课程中的重要性，侧面表明了文化教学实践在本课程中的重要地位。

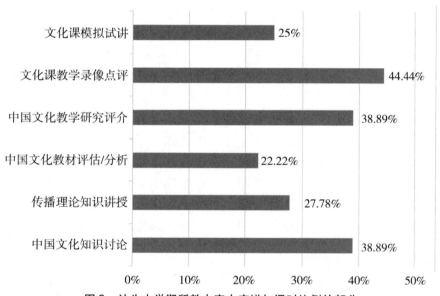

图2 认为本学期所教内容中应增加课时比例的部分

如表2所示，在学生能力培养方面，学生普遍认可教学内容对文化传播能力、文化教学研究能力、文化教学实践能力的积极作用。其中，对文化传播能力和文化教学实践能力持非常同意态度的较多，占比分别为77.78%、72.22%；对文化教学研究能力持非常同意态度的相对较少，占比50%。这与上文学生感兴趣的教学内容和想增加课时的教学内容结果一致。

表2 认同本学期课程面向汉硕生三方面能力培养情况

面向汉硕生的三方面能力培养	选 项	小计	比 例
能力一：文化传播能力	非常不同意	0	0%
	不太同意	0	0%
	一般	0	%
	基本同意	8	22.22%
	非常同意	28	77.78%

续表2

面向汉硕生的三方面能力培养	选　项	小计	比　例	
能力二：文化教学研究能力	非常不同意	0		0%
	不太同意	0		0%
	一般	2		5.56%
	基本同意	16		44.44%
	非常同意	18		50%
能力三：文化教学实践能力	非常不同意	0		0%
	不太同意	0		0%
	一般	1		2.78%
	基本同意	9		25%
	非常同意	26		72.22%
本题有效填写人次		36		

就"中华文化与传播"这门课而言，需要学生促进语言与文化传播的和谐发展（宁继鸣、马晓乐，2011），其课程性质决定了其培养目标必须具有复合型的特点。从培养目标来看，依据图3中选择"基本同意"和"非常同意"的人数，可知多数汉硕生（97.22%）认可本学期所学内容适合将汉硕生培养成复合型人才，课程基本实现了中华文化与传播课设置和教材编写的目标。

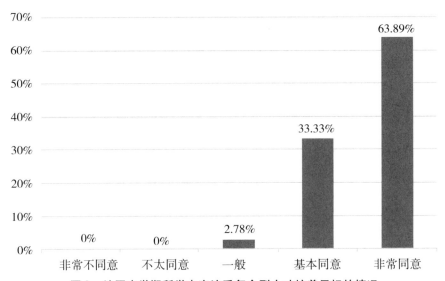

图3　认同本学期所学内容注重复合型人才培养目标的情况

如图4所示，在教学方法上，其一，关于师生活动占比，多数学生认为"教师讲授"和"学生参与活动"不应该是谁主谁辅的关系，而应"各占一半"

（55.56%），以师生活动的平衡性来构建教师、学生与教学内容之间的良性互动。其二，在教师讲授方面，较多学生（41.67%）认为教师要"以案例＋范例论文分析为主，知识讲授为辅"，较少（22.22%）认为"教师以知识讲授为主，案例＋范例论文分析为辅"。"案例＋范例论文"的形式因其生动、具体的特点便于学生理解，可使学生通过实例掌握理论知识。而这需要教师强化统整案例＋范例资源的能力，使实例既能与理论知识相连，又能让学生较快接受。其三，在学生活动方面，较多汉硕生（47.22%）认为"学生以模拟教学、展示为主，课堂讨论为辅"，其次有16.67%汉硕生认为"学生以展示为主，课堂讨论为辅"；认为"学生以课堂讨论为主，模拟教学、展示为辅"和"学生以课堂讨论为主，展示为辅"的占比分别为11.11%和8.33%。可见在学生心目中，展示和模拟教学是焦点和重点，而课堂讨论只起辅助作用。究其原因，或许是因为展示和模拟教学需要汉硕生上台互动，实践形式更正式，而课堂讨论较随机，学生对讨论的主动性和规划性较弱，使其认为课堂讨论的作用相对较小。

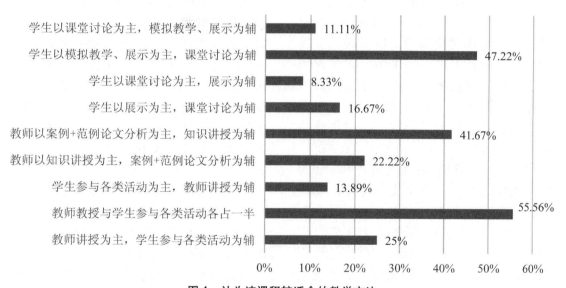

图4　认为该课程较适合的教学方法

调查显示，在课程与教材《叠合的中华文化与传播》的契合程度方面，选择"非常同意"和"基本同意"的学生占比为69.44%和27.78%，即97.22%汉硕生认为教材《叠合的中华文化与传播》与课程较为契合。

2.2.3　课程个体学习反馈及课程设置建议调查

问卷的第三部分是两道开放问答题，分别调查汉硕生对本学期中华文化与传播课程的学习反馈和对未来课程建设的建议。

第一个问答题是："学习期间，本人遇到的最大困难是什么？觉得自己的收获和不足分别有哪些？"结果表明：首先，被调查者认为课程学习方面的困难主要有四类：一是理论知识不够扎实，包括缺乏中华文化、传播理论、教学方法知识，尤其是中华文化本体知识；二是缺乏文化实践知识，表现为对文化教材和文化课视频资源的接触较少，不清楚理想教材和优质课堂的标准；三是对课程的重难点提炼不准确，主要表现为学生进行文化展示和模拟试讲时无法把握重点，展示内容过多；四是线上教学的体验感较低，线上教学的参与感远低于线下教学，缺乏对留学生开展教学活动真实情境的了解。其次，在收获方面，汉硕生表示在文化知识、传播理论、教学实践方面有了进一步了解，并认识到"文化是动态的、叠合的"。最后，认为学习不足主要是在课堂实践活动中暴露出的问题：课堂教学能力、小组沟通协作能力、研究能力等有待加强。

第二个问答题是："疫情之后，您对面向研究生的'中华文化与传播'课程建设，有哪些建议？"结果显示，最主要的三个建议分别是"增加线上文化教学的方法讨论，并希望可以实现线下授课""开发实践活动""增加文化教学类论文阅读的数量"。

3 优化建议

针对调查中汉硕生普遍反映的困难和对将来课程的建议，本文提出以下三点关于课程教学的优化建议。

3.1 强调文献，突出工具支架作用

在知识方面，作为"中华文化与传播"课程的基础，44.44%的汉硕生在本科阶段已修读过中华文化知识类课程，且普遍认为所学偏重中华文化知识，缺乏传播方面的内容。但也许因为本年级汉硕生中还有 20 名学生（占 55.56%）在本科阶段未接触过文化类课程，所以在问卷调查回答本学期汉硕生文化课程学习困难时，代表性选项仍包括缺乏中华文化知识。此外，对汉硕生"中华文化与传播"课程将来的建议还包括增加文化教学类论文阅读的数量等。

从学科角度来看，中华文化知识必须纳入知识体系。因为国际中文教育主干学科是中国语言文学和教育学两个一级学科，其知识体系的构建，既要重视汉语言文字学、语言学及应用语言学、中外语言对比等语言知识，也要重视相关的中外历史、文化、文学知识（吴应辉、梁宇，2020）。

无论从学科知识体系还是从汉硕生实际需求出发，中华文化知识都是"中华文化与传播"课程学习的基础之一。但有限的课时、汉硕生本科专业构成以及其复合型培养目标等，使课程必须注重中华文化与传播学知识相融合，为此本课程将来的教学可借助支架式教学概念进行优化。

支架即用来描述同行、成人或有成就的人在另外一个人的学习过程中所施予的有效支持。通过支架（教师或有能力的同伴或某些有用的资料）的帮助，管理学习的任务逐渐由教师转移给学生自己（学习过程被内化）（李红美，2009）。

支架式教学法中有工具支架、范例支架、问题支架等。其中提供的认知、展示及共享平台等都可以算是工具支架（高艳，2012）。为此，课程在将来的改进中，可以在绪论课讲授课程参考文献及阅读书目时，提示学生在教材附录的192篇参考文献基础上，重点关注有关中华文化知识、中华文化观念、传播理论文献、文化研究等的47篇参考文献，并要求学生在学期中完成课后阅读。期末小论文则以文献中的一类作为基础，要求学生完成一篇文献综述。如此，既可强化课程工具支架作用，也满足汉硕生对中华文化、传播理论、教学方法、文化观念和文化教学类论文以及研究能力的学习与提升需求，同时将教与学以及考核相联系。

3.2 补充教学录像，发挥范例支架作用

在实践方面，汉硕生遇到的困难表现为对文化教材和文化课视频资源的认知模糊，无法准确把握试讲课程中的重难点。此外，对将来"中华文化与传播"课程的建议包括实现线下授课、开发文化实践活动等。线上授课，这是当时特殊情况导致的暂时现象，目前所有课程均已恢复线下课。

《叠合的中华文化与传播》教材共3编20章，分别对应汉硕生的文化传播、文化研究和文化教学能力培养，每一章都采用案例分析加理论援引再产出可借鉴的传播理论关键词的体例编排。但一个学期的实践后，汉硕生仍然认为缺乏文化实践知识，希望了解文化实践活动并增加对文化教材和文化课视频的评判认知。

为此，借鉴支架教学概念，除了借助教材，突出第三编《叠合的文化教学实践》的范例支架作用，即通过教材中的具体教学范例，结合汉硕生课程，在"中华文化与传播"课程实际教学中展示往届汉硕生的优秀文化实践活动组织案例和文化课试讲范例之外，拟在课程中增加文化课教学录像。例如增加往届汉硕生模拟文化试讲录像《中国当代功夫片》《中国旅游》《中国购物》和《中国当代婚恋情况报告》等，并借鉴北美教学流程 BOPPPS 六环节模式［导入（bridge-in）、目标（objective or outcomes）、前测（pre-assessment）、参与式学习（participatory learning）、后测（post-assessment）、总结（summary）（罗宇、付绍静、李曦，2015）］，教师在课堂上按照 BOPPPS 六环节逐段播放并解析往届文化模拟试讲录像，让汉硕生清晰地了解文化教学流程，逐步学会把握自身试讲课程的重难点。

3.3 关注小组讨论，发挥教师支架作用

在能力方面，汉硕生遇到的困难主要是研究能力、课堂教学和小组沟通协作能力不足，对课程教学将来的建议包括增加线上文化教学的方法讨论。有关线上文化教学的方法讨论，对于已经恢复线下课的实际情况来说并非亟待解决的问题，研究能力和课堂教学能力的不足则可以通过上述强调文献、补充教学录像等措施进行优化，而小组沟通协作问题值得特别关注。

如本文图4所示，汉硕生在课程中比较忽视课堂讨论，一方面因为课堂讨论较随机，汉硕生对讨论的主动性和规

划性较弱，所以导致其认为课堂讨论作用较小；另一方面也说明，忽视课堂讨论可能与汉硕生普遍缺乏的小组沟通协作能力有关。为此，将来在课程中应关注小组讨论，更好地发挥教师在汉硕生课程中的支架作用，帮助其提升小组沟通能力。

支架本是建筑房屋时搭在外部方便施工的外部结构，并非房屋的一部分，在房屋建好后要拆掉，因此具有手段性（或工具性、发展性）和临时性的特点。教学中的支架，既包括发生在师生正在进行的互动中的微观层面支架，也包括诸如目标设定、任务选择和排序等宏观层面支架。支架式教学的应用分为引起学生学习动机、维持学生学习和促进学生学习三部分支架教学策略（吴冬梅、吴晶晶，2015）。因此，关注小组讨论，优化教师支架作用可从以下三方面进行：

（1）在引起学生动机的支架教学阶段，以文化信息问题搭建支架。因为"问题"是有待做出客观、合理解释说明的架构（王志广，2014），教师可以在小组讨论之前，将留学生对中国文化方面的疑问作为汉硕生需要解答的问题，激发其学习动机，如"在文化课堂中如何回应中国菜油多的提问"。

（2）在维持学生学习的支架教学阶段，将文化信息符号进行分解，发挥教师的双重支架作用。因为教师既要成为学生的支架，也要引导学生在小组中"互为支架，互相帮助"（刘杰，2010）。所以教师应创设信息差以加强小组成员间的合作。例如，教师可将上述"中国菜""油"的问题分解成不同文化信息符号，并将任务小目标分配给小组不同成员，由几位成员分别从历史、沿革、以及对"油"这一符号的不同历史时期看法等方面寻找回应举措。

（3）在促进学生学习的支架教学阶段，注重观察并运用传播学理论实时引导。因为支架最终要撤离，所以其中的责任迁移就是教师责任向学生责任的迁移（杨甲睿、张洁，2007）。教师要通过不断观察汉硕生的小组讨论，发现小组合作中的问题，及时跟进，运用传播学理论引导其归纳整合，形成本组回答问题的框架。例如，从"文化是动态的、系统的、复数的"和"符号具有不明确的特点"出发，关注中国烹饪的变化，从历史上的基本素食所以需要食用油补充营养，故有"春雨贵如油"等俗语，过渡到当代饮食结构的变化，网络频现"油腻"等词，从而引导学生理解文化的系统性、动态性和符号的不明确特点，最终完成各组的答疑框架。

总之，教师应随着教学进程逐渐从教学排序以及目标设置等宏观作用与促进协作的微观作用，过渡到观察和引导汉硕生最终走上自主学习道路，从而将其培养成具备文化传播、教学研究与实践能力的复合型人才。

需要说明的是，因为目前在"中华文化与传播"课程中配套使用《叠合的中华文化与传播》的学校不多，所以本文调查对象数量有限，论文结论的普遍性受限，希望将来有机会得到更多调查数据，提高其普适性。

参考文献

丁安琪.汉语国际教育硕士：专业发展十一年 [J]. 国际汉语教育（中英文），2018（4）.

高艳.基于建构主义学习理论的支架式教学模式探讨 [J]. 当代教育科学，2012（19）.

何克抗.建构主义的教学模式、教学方法与教学设计 [J]. 北京师范大学学报（社会科学版），1997（5）.

李红美.基于支架式教学的教育技术公共课的教学设计：以知识点"学习教育技术的意义"为例 [J]. 现代教育技术，2009（11）.

刘杰.支架式教学模式与课堂教学 [J]. 贵州师范学院学报，2010（3）.

罗宇，付绍静，李暾.从BOPPPS教学模型看课堂教学改革 [J]. 计算机教育，2015（6）.

宁继鸣，马晓乐.文化理解与价值诉求：基于《中华文化与传播》课程的关切 [J].世界汉语教学学会通讯，2011（4）.

潘之欣.关于高校英语专业"语言学导论"类课程设置的调查 [J].外语界，2002（1）.

王俊，刘若泳.全日制专业学位硕士研究生教学现状调查与分析：以武汉七所"211工程"高校为例 [J]. 学位与研究生教育，2012（7）.

王志广.问题抛引：建构支架教学模式的实践探索：以小学语文课堂教学为例 [J]. 教育理论与实践，2014（2）.

吴冬梅，吴晶晶.支架式教学及其在中职英语教学中的应用研究 [J]. 中国职业技术教育，2015（11）.

吴应辉，梁宇.交叉学科视域下国际中文教育学科理论体系与知识体系构建 [J]. 教育研究，2020（12）.

颜湘茹.汉语国际教育硕士"中华文化与传播"课程研究：以中山大学国际汉语学院为例 [J]. 长沙理工大学学报（社会科学版），2012（6）.

杨甲睿，张洁.支架教学之情感模式研究 [J]. 内蒙古师范大学学报（教育科学版），2007（10）.

颜湘茹，中山大学中文系，510275

yanxr@ mail. sysu. edu. cn

王诺，中山大学中文系，510275

2291428413@ qq. com

正则表达式在对外汉语教学与研究中的应用

卢达威

摘　要：本文首先介绍正则表达式的概念、原理和匹配规则，并结合对外汉语教学和研究的需求，阐述正则表达式的使用环境，以及利用正则表达式进行语料检索和语料整理的方法，包括离合词、日期表达、"X 来 X 去"、"动词 + 了"的检索方法和句号句换行、去除行首空格、去除空行等语料整理方法，以及辅助语料标注方法。

关键词：正则表达式；语料检索；语料整理；语料库

1　引　言

在汉语教学和研究中，常有语料①检索和语料整理的需求。语料检索的场景一般有两种：一种是在线语料库的检索，如在北京大学 CCL 语料库（http：//ccl. pku. edu. cn：8080/ccl_corpus/）或北京语言大学 BCC 语料库（http：//bcc. blcu. edu. cn/）等进行在线检索；另一种则是自建语料库的检索，包括对自有书籍、资料或从网上收集的语料的检索。前者的检索功能一般受限于在线语料库提供的功能；后者则依赖于自建语料库所用的文本编辑器（如记事本或 word 等）提供的检索功能，通过选择特定的文本编辑器（如UltraEdit、Sublime Text、Notepad + + 等），其检索能力是可以扩展的。检索中最基本的功能是对文本（或字符串）的精确匹配，如检索某个特定的词或词组等。但这种简单检索有时不能满足需求，如当要检索非连续字符组成的格式（如"连 …… 也/都 …… ""在……上"）或带有重复字符的格式（"X 来 X 去""ABB"等）时，就需要扩展精确匹配的功能。此时，可以使用正则表达式检索，以及支持正则表达式检索的文本编辑器，来进行语料检索。

正则表达式（Regular Expressions）是计算机科学中的概念，是一种描述一组字符串（a set of strings）或一组有序字符串对（a set of ordered pairs of strings）的表达式（Mitkov，2022：254）。这里说

---

① 　本文的语料主要指文本语料，音视频等多模态语料暂不在本文讨论范围内。

的"一组字符串",就是一系列符合特定格式的文本,包括精确匹配文本或带有格式的文本等。因此,我们可以将正则表达式看作一种文本的匹配工具,通过输入正则表达式,匹配相应的文本,实现语料检索、语料整理、语料提取等功能。

本文将介绍正则表达式的语法规则和匹配原理,并结合汉语教学和研究案例,讨论使用正则表达式检索语料、整理语料和构建语料库的方法。

2 正则表达式的匹配原理

2.1 正则表达式的组成

正则表达式本身由一组字符串组成。组成正则表达式的字符有两种,一种是常规字符(regular character),一种是元字符(metacharacter)。常规字符就是检索时精确匹配的字符;元字符则根据正则表达式的规定,被赋予了特殊的语法含义。

2.2 正则表达式的元字符及其功能

我们将正则表达式的元字符分为三类。

(1)第一类元字符表达了某个常规字符的集合,包括通用匹配符"."、集合符号"[ ]"和集合排除符号"[^]"。

"."称为通用匹配符,也叫通配符,可以匹配任意单个字符。例如,正则表达式"洗.澡"可以匹配一个长度为3的字符串,其中第一个字是"洗",最后一个字是"澡",中间可以匹配任意字符,"洗过澡""洗了澡""洗着澡"等;但不能匹配"洗过了澡",因为该

字符串有4个字符。

"[ ]"表示字符集合,方括号中间的内容是字符集合,表示只允许使用方括号中的字符之一匹配单个字符。例如,正则表达式"[中小]学"可以匹配一个长度为2的字符串,第一个字符只能从"中""小"中选择,第二个字符只能是"学",因此可以匹配"中学""小学",此外不能再匹配其他文本。值得注意的是,"中小学"也不在匹配范围,因为"中小学"有3个字符。而"[中小]学"中,整个方括号作为一个整体只匹配一个字符。再如,"洗[完了]澡"可以匹配"洗完澡""洗了澡",此外不能匹配其他,也不能匹配"洗完了澡"。又如,"[向往][左右][拐转]"表示匹配3个字符,第一个字符是"向"或"往",第二个字符是"左"或"右",第三个字符是"拐"或"转",因此可以将文本中"向左转""往右拐""往左转"等一次性检索出来。

此外,有个别集合有约定俗成的简写方法,如"[0-9]"表示所有的数字,"[a-z]"表示所有小写字母,"[A-Z]"表示所有大写字母等。

"[^]"表示字符集合排除,方括号中间的内容是不允许出现的字符的集合,表示可以匹配除方括号中的字符以外的其他任意字符。例如,正则表达式"了[^,:;。!?]"可以匹配长度为2的字符串,第一个字符是"了",第二个字符是除了逗号、冒号、分号、句号、叹号、问号以外的所有字符。换句话说,"了[^,:;。!?]"匹配了不在小句末尾的"了"及后一个字符。

(2)第二类元字符表示对前一字符或表达式的重复,不同的符号表示不同

的重复次数，包括"＊""？""＋"
"{n, m}"等，这类元字符本身不占字
符位置。

"＊"表示重复 0 次或无限次。常常
与通配符"."连用，例如".＊"表示
任意字符重复 0 次或无限次，即能够匹
配任意长度的任意字符串。例如，"连.
＊［也都］.＊"表示匹配这样一个格
式：首先出现"连"字，后面出现任意
长度的任意字符，再出现"也"或
"都"之一，再出现任意长度的任意字
符。再如，"［0-9］＊"中，［0-9］
代表 0 到 9 任一数字字符，后面的"＊"
表示数字字符可以出现 0 次或无限次，
这一表达式可以匹配文本中的连续数字，
如"2023""10086"等。

"＋"表示重复 1 次或无限次。用法
与"＊"相同，只是不允许出现 0 次，
即匹配的字符串不允许为空，在实际应
用中，往往使用更广泛。例如上文的
"＊"都可以换成"＋"，即"连.＋
［也都］.＋""［0-9］＋"等。

"？"表示重复 0 次或 1 次，即前一个
字符可以出现一次或不出现。例如，正则
表达式"这一个？"中，"？"前的字符是
"个"，表示"个"可以出现 1 次或 0 次
（即不出现），即整个表达式可以匹配
"这一"或"这一个"。又如，"洗［完
了］？澡"中，"？"前是字符集合，可以
出现 1 次或不出现，所以该表达式可以匹
配"洗完澡""洗了澡"和"洗澡"。

"{n, m}"表示重复次数在 n 次到
m 次之间。例如"［a-z］{2, 4}"中，
"［a-z］"表示匹配英文小写字符，
"{2, 4}"表示连续出现 2 次到 4 次的
字符串，则对该正则表达式来说，"is"
"you""love"等长度为 2 到 4 的英文单
词都在匹配范围中。

（3）第三类是其他元字符，指不属
于前两类的元字符，本文仅介绍"（）"
"＾""＄""｜""＼"。

"（）"表示将正则表达式的部分组
合成子表达式，本身不占字符空位。例
如"关心（一下）？她"中，"？"表示
前一字符出现 1 次或 0 次，而前面的
"（）"将"一下"组成了子表达式，所
以将"一下"两个字符看作一个整体，
那么，该正则表达式表示可以同时匹配
"关心她"和"关心一下她"。

"＾""＄"分别表示匹配行首和行
尾，以文本中的换行标记为分界，本身
不占字符空位。例如"＾他.＊！＄"检
索以"他"开头，以"！"结尾的行，
中间".＊"表示可以是任意长度的任
意字符。

"｜"表示或关系，本身不占字符空
位。例如，"洗（了｜个｜了个）澡"可
以匹配"洗了澡""洗个澡""洗了个澡"。

"＼"称为转义字符。当正则表达式
中，需要匹配的字符恰好是元字符的时
候，需要使用转义字符，表示该字符保留
原意。例如"［0-9］＋＼.［0-9］＋"
表示所有带有小数点的数，其中小数点与
通配符相同，需要使用"＼."表示当前匹
配的是小数点，而不是任意字符。值得注
意的是，由于"＼"用作了表转义的元
字符，当要匹配文本中的"＼"时，需
要使用"＼＼"，即将元字符"＼"的含
义还原回文本斜杠意。

在正则表达式中，各种元字符通常
会配合同时使用。例如，正则表达式
"［a-zA-Z0-9._%＋-］＋@［a-
zA-Z0-9.-］＋＼.［a-zA-Z］
{2,}"可用于匹配邮箱。

需要注意的是，元字符所使用的都
是英文半角字符，不能使用中文字符或

全角字符，特别是"（）""？"等。

实际上，正则表达式还有环视等更为复杂的匹配模式，本文作为正则表达式入门，不进行细述。

3 正则表达式的使用环境

3.1 概述

要使用正则表达式，必须有相应的使用环境或者使用平台，因为需要借助使用平台对正则表达式的各种元字符进行解析，进而提供正则表达式检索服务。正则表达式一般有三种使用环境。一是在各类编程语言中，通常包含了对正则表达式的支持，或者允许调用第三方工具包来支持正则表达式编写和匹配，如Perl、Python、Java、JavaScript、PHP等[①]；二是有一些在线测试正则表达式的网站，可以用来检查正则表达式编写是否语法正确；三是有些文本编辑器支

持正则表达式的使用。第一类情况已超出了本文讨论范围。第二类的在线网站如Regex101（http：//regex101.com）、RegExr（http：//regexr.com）等，网站有正则表达式的正确性检查，还能输入样本进行匹配测试；但这类网站功能也主要是辅助正则表达式的编写和测试正则表达式的正确性，本文也不做详述。第三类可以帮助我们进行语言教学与研究，是本文重点讨论的对象。

3.2 支持正则表达式的文本编辑器及其检索功能

正则表达式作为一种文本匹配工具，需要有支持正则表达式检索的文本编辑器，如Notepad++、Sublime Text或者UltraEdit等。在文本编辑器的功能菜单中，打开"查找"功能（图1），选中"正则表达式"，即可在检索框中填写正则表达式，利用正则表达式进行语料检索。

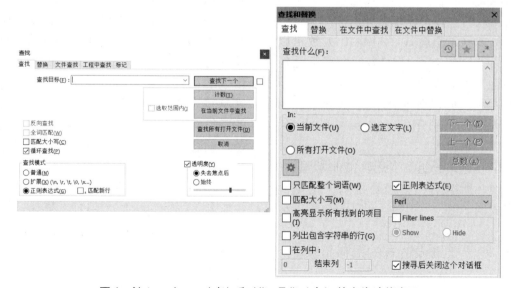

图1　Notepad++（左）和UltraEdit（右）的查找功能窗口

---

① 可参看荀恩东等（2013）对正则表达式的介绍和程序中的应用。

文本编辑器能打开各类纯文本文件，常见为".txt"后缀，也可能是其他后缀。通过查找功能，可进行语料检索；通过替换功能，可进行语料整理。

检索一般针对当前文本文件进行，根据文本编辑器的功能，也可以指定目录范围，对目录下的所有文本文件执行检索。检索后，文本编辑器一般在原文件中定位检索结果，方便查阅。有的文本编辑器也提供导出检索结果的功能。

3.3 子表达式分组和引用功能

对正则表达式进行子表达式的分组并提供分组的引用，是一项超越了基本正则表达式的功能，但大部分正则表达式使用环境都支持这项功能。具体而言，这项功能是用括号"（）"将需要引用的部分括起来，形成子表达式；然后用斜杠"＼"加数字，如＼1、＼2、＼3等，对子表达式进行引用。其中＼1代表左起第1个括号所匹配的内容，＼2代表左起第2个括号所匹配的内容，以此类推。

例如检索重叠式"ABB"，大致可以表达为"．（．）＼1"，第1个字符是任意字符，第2个字符也是任意字符，但将被引用，所以分布用括号括起来；第3个字符表示引用第1个括号的内容，即第2个字符。

子表达式分组和引用功能非常强大，可以说，所有语料整理都是基于这项功能完成的。

3.4 基于正则表达式的语料检索

有了正则表达式作为检索工具，可以通过正则表达式进行检索一些精确匹配无法检索的文本，如第2节提到的"连……也/都……"格式（连．＊［也都］．＊）、连续数字（［0－9］＋），非句末的"了"（了［^,:;。!?]）等。对于对外汉语教学和研究而言，许多语法点表现为一定的格式，我们以《国际汉语教学通用课程大纲》（国家汉办孔子学院总部，2010）中语法项目为例，举例说明正则表达式在检索中的应用。以下讨论语料检索时，默认语料存储在文本文件中，并使用支持正则表达式的文本编辑器打开语料文件。

3.4.1 离合词

离合词中经常插入不同成分，且插入长度和插入内容也不确定，以往精确匹配模式下不易检索。对于某个离合词，我们可以将其特点描述为：词语中间允许插入0个或多个成分，且该成分应该排除标点符号、数字或字母等。基于这样的特征描述，例如"洗澡"可以用正则表达式表示如"洗［^、,。;:!? 0－9a－zA－Z＼n］＊澡"，其中，"［^、,。;:!? 0－9a－zA－Z＼n］＊"使用了字符集合排除标记"［^ ］"，标记［ ］内是不可出现的字符，除被排除的字符外，其他都是符合要求的字符；"＊"表示前面的字符重复0次或多次；所以，整个表达式的意思是：字符串的第一个字和最后一个字分别是"洗"和"澡"；"洗澡"中间可以含有0个或多个字符，这些字符只要不是"、,。;:!?"等标点符号，也不是数字0－9或大小写字母a－z及A－Z，其他都可以。当然，这不是唯一的表达方法，在实际使用中，应根据具体的需求和语料情况进行改进。

有时只需要检索离合词中若干固定成分，不需要检索离合词中所有可能情

况，如要求同时检索"洗了澡""洗个澡""洗了个澡""洗一个澡""洗了一个澡"。此时，我们可以用元字符"|"（语义是"或"）来编写正则表达式，如"洗（了｜个｜了个｜一个｜了一个）澡"，表示"洗澡"中间可以是"了""个""了个""一个""了一个"之一；或者综合考虑各个字符串的隐现情况设计正则表达式，如"洗了？（一？个）？澡"，表示"了""一个"分别可以出现一次或不出现，其中，出现"一个"的时候，"一"可以不出现。值得注意的是，表达式不能写为"洗了？一？个？澡"，这样会导致匹配到"洗一澡"或"洗了一澡"这种不合格的字符串。

3.4.2　日期表达

日期的时间格式往往大体相同但细节变化比较多，我们需首先定义一个匹配的范围。例如，完整的日期应该含有"年、月、日"，可以只有其中两项或一项；"年"前应为 2～4 位数字，"月、日"前应为 1～2 位数字，且均应为阿拉伯数字（暂不需要识别中文数字的月和日），则日期可以表示为："（［0-9］｛2，4｝年）？（［0-9］｛1，2｝月）？（［0-9］｛1，2｝日）？"。"［0-9］"表示阿拉伯数字，"｛2，4｝"表示前一个字符出现 2 到 4 次，因此"［0-9］｛2，4｝年"的表达范围是"00 年"到"9999 年"；"？"表示前一子表达式可出现 0 次或 1 次，即"××××年"部分可以出现也可以不出现。"月"和"日"的情况类似。

3.4.3　"X 来 X 去"

检索如"跑来跑去""想来想去""跳来跳去"等"X 来 X 去"格式的词，可以使用 3.3 节介绍的"子表达式分组和引用功能"。分析该格式，发现第 1、3 个字符相同，第 2、4 个字符是固定不变的，因此需要在第 1 个字符前后使用括号括起来作为第 1 组，并在第 3 个字符时引用第 1 个括号的内容，正则表达式为"（.）来\1去"，其中第 2 个字符是"来"，第 4 个字符是"去"；第 1 个字符是"（.）"，"."表示可以是任意字符，括号"（）"表示将该字符记为一个分组；第 3 个字符是"\1"，表示引用本表达式中第 1 个括号的内容，即第 1 个字符，由此实现了第 1、3 个字符的重复。

3.4.4　动词＋"了"

语法项目中，相当一部分的格式是带有词性的。而语料本身并不带有词性。要进行这类格式的检索，需要对语料文本进行一定的标注，可以使用自动分词和词性标注的工具，对文本进行自动标注，再根据标注具体格式，设计正则表达式进行检索。例如，对某段新闻语料词性标注后，标注结果为：

上海浦东\ns 近年来\t 颁布\v 实行\v 了\ul 涉及\v 经济\n、\x 贸易\vn、\x 建设\vn、\x 规划\n、\x 科技\n、\x 文教\nz 等\u 领域\n 的\uj 七十\m 一件\m 法规性\b 文件\n，\x 确保\v 了\ul 浦东\ns 开发\v 的\uj 有序\n 进行\v。\x

我们需要识别动词及其后面的

"了"。考察语料发现，词与词之间是用空格分隔，而词和词性之间是用"\"分隔（"\"在正则表达式中是元字符的，需要进行转义，还原为字面义，即用"\\"表示）；此标注结果中，动词标注为"v"，"了"标注为"ul"；需要识别的可变的字符串仅为动词本身。综合以上特征，"动词＋了"的正则表达式可以表达为"［^］＋\\v了\\ul"，表示1个多个非空格的字符后，紧跟字符串"\v了\ul"。

3.5　语料整理

语料整理主要使用文本编辑器的替换功能，而且广泛使用子表达式的分组和引用功能。由于不同语料来源不同，格式不同，难以有放之四海而皆准的整理公式，关键在于考察语料形式，捕捉格式中的特征，再运用正则表达式进行整理。由于篇幅所限，本文仅举几例。

3.5.1　按句号句换行

语料有时有按照句号句逐行排列的需求，这时需要在句号等标点符号后换行。在计算机文本中，换行表达为一个特殊的字符"\n"①。文本换行的思想，就是在句号等标点符号后增加换行符号（图2）。增加换行符号的办法，就是用"标点符号＋\n"替换"标点符号"。

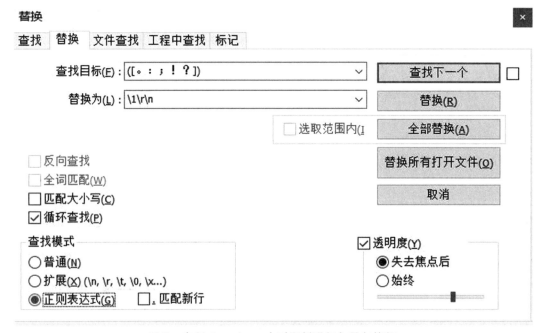

图2　在 Notepad＋＋中对语料进行句号句换行

---

① 不同的操作系统换行符号有所不同，Unix/Linux 的换行符号为\r，Mac 的换行符号为\n，Windows 的换行符号为\r\n。

然而，如果我们想一次替换所有类型的标点符号，就需要使用正则表达式。方法如图2。

在检索框填入正则表达式"（［。:;!?]）"。方括号"［]"内是需要增加换行的标点符号集合，外层的括号"（）"是需要替换时引用的表达式分组。替换框中填入正则表达式"\1\r\n"。"\1"指检索框中的表达式分组，即标点符号集合。"\r\n"是Windows系统规定换行字符，不同操作系统略有差别。

3.5.2　去除行首空格

文本中，行首的空格只为了人阅读方便美观，对计算机而言没有意义，可以删除。但是语句中的空格是有意义的，如英文单词之间的空格等，不能删除。删除的操作思想是识别出句首空格，并替换为空（即替换框中不填任何符号）即可。

识别句首空格的正则表达式是"^ +"或"^\s+"。"^"表示识别行首。"+"表示一个或多个符号。"^ +"是直接把空格填在检索框中，也可以使用"\s"。"\s"在正则表达式中代表所有类型的空格。

3.5.3　去除多余空行

"行"在计算机文本中表现为换行符。所以所谓"空行"用正则表达式的语言描述就是行首是换行符的情况。所以，检索框应填入"^\r\n"，替换框不需要填写。

总的来说，所有语料整理工作最后都能归结为三种操作——增加、删除、

修改，都可以用替换实现。单纯的修改比较容易，本节的例子展示了利用正则表达式增加和删除的操作逻辑。其他整理需求都可以按此逻辑类推。

3.6　辅助语料标注

对于语料库而言，语料标注是重要环节。语料标注往往是人工标注，但有时可以利用正则表达式辅助标注，帮助我们更好地开展研究，仅举两例。

3.6.1　区分介词"把"和量词"把"

如果我们在研究"把"字句时，想将介词"把"用特别字符突出显示，例如增加"【】"，显示为"【把】"，以便将句子中作为介词的"把"与作为量词和动词的"把"区分开来。

那么，可以先在检索栏输入"把"，在替换栏输入"【把】"，表示将所有的"把"替换为"【把】"；再将数量短语的"X＋把"还原，即在检索栏输入"（［一二三四五七八九十0-9］+）【把】"，替换栏输入"\1把"（其中"\1"代表了原正则表达式中"把"前的数词）；或者通过人工将非介词的"把"的标记去除。这样利于我们更直观地观察语料、总结语料规律。

3.6.2　"了1""了2"的标注

标注语料时，需要先拟定好标注的体系。例如在研究"了"时，我们拟对所有"了"进行分类：对动词后的"了"标注为"了1"；对句末的"了"标注为"了2"；若恰好在句末又在动词末的"了"，需要人工识别，暂时标注

为"了1 + 2"。

首先需要一个有词性标注的文本（可使用在线的自动分词和词性标注工具对文本进行自动分词和词性标注，参考3.4.4节）。其次，标注"了1"时，可在检索栏输入"（\ \ v）了（\ \ ul）"，替换栏输入"\ 1 了1 \ 2"，其中，"\ 1"是检索栏正则表达式中"了"前的内容，"\ 2"是原表达式中"了"后的内容，表示动词v后的"了"都改为"了1"，其他不变。标注"了2"时，可在检索栏输入"了（\ \ ul［,:;。!?］\ \ x）"，替换栏输入"了2 \ 1"，表示将",:;。!?"前的"了"改成"了2"。对于恰好在动词后又在句末的"了"，我们在检索栏输入"（\ \ v）了（\ \ ul［,:;。!?］\ \ x）"，替换栏输入"\ 1 了1 + 2 \ 2"，"\ 1""\ 2"含义与前述相同。

进而，我们再对"了1 + 2"的部分，仔细进行人工分析和分类，可以辅助我们进行语言研究。

4 正则表达式匹配能力的上界

正则表达式并不是万能的，其匹配能力是存在理论上界的。在计算理论中，正则表达式是语法，称为正则文法，又称为"Ⅲ型文法"。其最大特点是只能按照表达式从左到右进行字符匹配，不支持递归结构的检索。这样就没有办法识别诸如"动词短语""名词短语""主谓短语""偏正短语"这些概念。因为这些短语结构都是递归结构，递归层数不固定，不能简单地从左到右进行线性匹配。即使我们预先对短语进行了层次划分，也无法用正则表达式统一匹配它们。

例如，"薛定谔的猫"和"咬死猎人的狗"都可以理解为定中结构，我们进行层次分析和词性标注后，分别标记为："（定中 薛定谔/名词 的/助词 猫/名词）"和"（定中（述宾（述补 咬/动词 死/动词）猎人/名词）的/助词 狗/名词）"。前者是一个简单的"名词 + 的 + 名词"定中结构；后者则是递归结构，即一个结构嵌套另一个结构，如定中结构的定语中嵌套了述宾结构、述宾结构的述语中嵌套了述补结构等。正则表达式语法只支持对左侧字符（串）的重复，不支持整个结构的重复/递归。因此，我们无法写出一个正则表达式同时检索出这两个定中结构。同理可推知，其他递归结构的字符串也如此。与之对比的是，"数量短语"是可以用正则表达式匹配的，因为数量短语的结构是"数词 + 量词"，不存在递归嵌套，只需要从左到右进行线性匹配。

递归结构在检索中是非常困难的，需要设计专门的匹配算法，难以在简单的检索框中实现。实际上，当前常用的检索，包括语料库网站的检索、文本编辑器的检索等，背后的原理都是基于正则文法的，因此，它们的检索能力都不会超过正则表达式匹配能力的理论上界。

5 结 语

本文通过介绍正则表达式的语法规则和实例，结合对外汉语教学和研究的需求，阐述了正则表达式的使用环境，展示了正则表达式在语料检索和语料整理方面的应用，包括离合词、日期表达、"X来X去"、"动词 + 了"的检索方法和句号句换行、去除行首空格、去除空行等语料整理方法，以及辅助语料标注方法，最后阐述了正则表达式匹配的理论上界，以期为汉语教学相关教师和科研人员在教学与研究过程中提供帮助。

参考文献

国家汉办孔子学院总部.国际汉语教学通用课程大纲 [S]. 北京：外语教学与研究出版社，2010.

荀恩东，黄志娥，饶高琦，等.实战 Perl [M]. 北京：清华大学出版社，2013.

MITKOV R. The Oxford handbook of computational linguistics [M]. 2nd ed. Oxford：Oxford University Press，2022.

卢达威，中国人民大学文学院/中国人民大学数字人文研究院，100872

wedalu@ 163. com

初级汉语综合教材中地域文化的编写情况研究[①]

梁珊珊

摘　要： 初级汉语综合课作为留学生的基础和主干课程，其教材中的文化内容对留学生初步了解中国文化，适应当地生活十分重要，应均衡主流文化和当地文化的权重。本文通过对比北京、上海和广州高校所编写的初级汉语综合教材中的地域文化，以管窥当地文化在教材中体现的情况。研究发现：在文化点呈现占比、重要程度、文化类别的分布，以及具体文化内容上，上海、广州高校所编写的《拾级》和《教程》都更凸显北京文化以及北方文化，对本地文化的融入不足。这不仅增加了教师本地化改编的工作量，也不利于刚来中国的留学生尽快适应当地生活。因此，我们应该从占比、编写体例、权重和多样性等方面考虑在教材中融入更多的当地文化，在课堂教学中再逐步添加其他地区的文化。

关键词： 初级综合教材；地域文化；本地文化；外地文化

1　引　言

　　国际中文教育的一个普遍观点是语言教学离不开文化教学。国家汉办制定的《高等学校外国留学生汉语言专业教学大纲》（2002）的培养目标为：具备扎实的汉语言能力与言语交际能力；掌握系统的汉语基础理论与基本知识；掌握基本的中国人文知识，熟悉中国国情和社会文化。可见在教语言的同时，需要对留学生进行文化教学。文化教学可分为语言教学中的文化教学和文化课教学（陈光磊，1997）。专门的文化课一般开在高年级。因此，对于初接触汉语的留学生来说，初级综合课不仅是学习语言最重要的基础和主干课程，更是中国文化初次呈现和传播的重要课程。这就要求初级综合课教材要将文化因素融入语言教学之中，让综合课在教语言的同时，也在教文化。

---

① 本文为广东省普通高校特色创新类项目"对外汉语综合教材中广东文化的融入研究"（2021WTSCX005）和国际中文教育研究课题一般项目"韩国学生汉语口语语篇并列类关系标记的习得研究"（22YH77C）阶段性研究成果。

中国文化源远流长，除了主流文化以外，各地的地域文化也精彩纷呈。然而对教材中文化因素的研究一般不细分地域。地域文化是中国文化的重要组成部分，丰富了中华文化的内涵。在对外汉语教学中融入地域文化，不仅能满足留学生日常生活与交际的需要，提高汉语学习动机，而且也能将抽象的中国文化与留学生课下具体的生活场景相结合，使课堂所学在课下得到验证和应用（王若楠，2018）。因此，有不少学者提出要将地域文化融入对外汉语教学之中，如王悦欣和张彤（2011）、苏翔（2014）、常海鸽（2020）分别提出要将河北、江苏和陕西文化融入留学生教育，张艳萍（2005）、沈莉娜（2018）、安文玲（2018）根据所在地的地域文化探寻了有地方特色的教学内容、教学方法及教学模式。但这些研究都针对文化教学，而非语言教学中的文化教学。张慧明、黎湾（2021）对北京高校编写的《新实用汉语教材》和广西师范大学编写的《魅力汉语》进行对比后发现，《魅力汉语》中的地域文化涉及程度更深、范围更广，指向性更明显。刘行（2020）对8套对外汉语教材中所涉及的南京文化进行了分析，发现这些教材对南京文化编写内容过少、文化项目不丰富、语言练习偏多。然而，张和黎的研究未区分具体地域；刘行的研究所选教材并非南京高校编写，自然无法专门体现南京特色。因此，本研究将选取北京、上海和广州高校各自编写的一套初级综合教材，对教材中呈现的当地文化进行研究，以分析目前综合教材中地域文化的融入现状，为未来高校编写教材时融入当地文化提供参考和建议。

2 研究思路和过程

2.1 教材的选择[①]

我们分别选择了北京、上海和广州高校各自编写的一套初级综合教材为研究对象。北京高校编写的教材选择的是由北京语言大学杨寄洲教授编著的《汉语教程》（一、二、三册）（以下简称《汉教》）。这套书被国内各大高校广泛使用，目前已经出到了第三版。上海高校编写的教材选择的是由复旦大学吴中伟等三位教授主编的《拾级汉语·综合课本》（第1级至第4级）（以下简称《拾级》）。广州高校编写的教材选择的是由中山大学周小兵教授主编的《初级汉语精读教程》（Ⅰ、Ⅱ册）（以下简称《教程》）。《汉教》编写时间长，使用范围广，《拾级》和《教程》均由当地知名高校的教授编写，具有一定的代表性和影响力。

2.2 教材分析方法

对于文化因素的编码单位，不同的研究做法不同。张虹、于睿（2020），周小兵等（2019）以语篇为编码单位，Qodriani 和 Kardiansyah（2018）以段落为编码单位。Keles 和 Yazan（2020）在分析英语教材 *New Headway* 时是以句子

---

① 杨寄洲编著：《汉语教程》（一、二、三册），北京语言大学出版社2009年版；吴中伟、高顺全、陶炼主编：《拾级汉语·综合课本》（第1级至第4级），北京语言大学出版社2009年版；周小兵主编：《初级汉语精读教程》（Ⅰ、Ⅱ册），北京大学出版社2013年版。

中的文化点为分析单位。由于初级教材篇幅较短，有时一句话中会呈现多处地域文化，因此，我们采取 Keles、Yazan（2020）的编码方法，以句子中的地域文化点为分析单位。例如"上海的气温比北京高好几度"，我们将其视为两个文化点"上海的气温"和"北京的气温"。然而，同一个文化点出现在一句话和出现在整个语篇中，体现的重要程度不一样，因此，我们在此采用了张虹、李晓楠（2022）的文化权重框架，在统计文化点的同时，也统计文化权重。其中，文化点代表分布广度，文化权重代表文化点的重要程度。

三套教材的编写体例均包括课文、注释（或文化讲解）、语法和练习。张虹、李晓楠（2022）将文化内容在语言输入材料中的部分定义为显性呈现，将文化内容在练习中的部分定义为隐性呈现，因为练习主要考查学生对语言的应用，而非知识的掌握。照此思想，我们将课文、注释（或文化讲解）部分归为显性呈现，练习以及同样以讲解语法，而非文化知识传授为目的的语法部分归为隐性呈现。在计算时，由于同类语言操练太多，因此，同一个文化点在同一课的同一部分出现多次也仅计算一次，但如果归属在两种不同的类别则计算两次。例如《拾级》（第 2 级）第二课在课文部分多次出现"京剧"文化点，仅计算 1 次，但在该课语法讲解的例句和练习中也出现了"京剧"，则各计算 1 次，总计 3 次。

张、李框架[①]中，对显性呈现赋予的权重高于隐性呈现。对于显性呈现，将单一文化语篇设为 10 分，多元文化语篇中的主要文化设为 9 分，同等比重的两种或多种文化探讨设为 8 分，次要文化设为 7 分，单一文化知识板块设为 6 分，多元文化知识板块中的主要文化设为 5 分，同等比重的两种或多种文化设为 4 分，次要文化设为 3 分，图片或引言 2 分，背景文化信息为 1 分。例如，《拾级》（第 1 级）第二课中司机和大卫的对话中有"南京路"这个词，由于南京路是上海的一条路，属于背景文化信息，因此赋予权重 1 分；第十二课的对话完全围绕"北京"展开，谈了北京的马路、天气、交通等方面内容，因此赋予权重 10 分。

对于隐性呈现，将单一文化语篇设为 5 分，多元文化语篇中的主要文化和单一文化表达设为 4 分，多元文化语篇中同等比重的两种或多种文化，以及多元文化表达设为 3 分，多元文化语篇中的次要文化、文化理解练习、图片或引言设为 2 分，背景文化信息或语言练习设为 1 分。例如，《汉教》（第三册下）第十五课的课后练习第 6 题连句成段中出现了"北京正下着大雪"的句子，主要属于语言练习，因此赋予权重 1 分；第 9 题以"游冰城"为题目的语篇填空练习对哈尔滨冰灯、冰雕进行了描写，为单一文化语篇，因此赋予权重 5 分。

3 研究发现

我们对所选教材本地和外地地域文化点频次、呈现重要程度，以及分布类别广度进行统计，结果如下。

---

① 框架中的单一文化语篇指仅描述一种文化的语篇，多元文化语篇指描述了两种或多种文化的语篇。

3.1 三套教材本地和外地地域文化点呈现频次和占比

我们将教材中的地域文化分为两类，即本地文化和外地文化。统计后得出三套教材本地和外地地域文化点出现频次和占比（表1）。

表1 三套教材中本地和外地地域文化点出现频次和占比

地域	《汉教》（北京）	《拾级》（上海）	《教程》（广州）
本地	130/54.85%	58/25.33%	57/35.40%
外地	107/45.15%	171/74.67%	104/64.60%
总计	237/100%	229/100%	161/100%

由表1可见，北京高校编写的《汉教》本地文化所占比例高于外地文化，上海、广州高校编写的《拾级》《教程》则相反。由于首都北京的文化属于中国的主流文化，《汉教》的本地文化就是北京文化，那么，《汉教》和《拾级》《教程》在本地和外地文化点的占比差异是不是为了体现中国的主流文化呢？我们又对三套教材的外地文化所涉及的地域进行了统计，发现《汉教》和《拾级》均涉及19个地域，《教程》涉及12个地域。三套教材排名前五位的地域如表2所示。

由表2可见：①上海、广州高校编写的《拾级》《教程》呈现频次最高的外地文化均为北京文化，其占比远高于《汉教》中排名第一的上海文化。《拾级》中，北京文化呈现占比甚至高于当地上海文化；《教程》中，北京文化的呈现占比也十分接近当地广东文化。②上海、广州高校编写的《拾级》《教程》对"北方（统指）"区域呈现占比较高，三套教材提及"南方"的占比均极低①。

表2 三套教材外地文化所涉及的地域排序

排序	《汉教》（北京）	《拾级》（上海）	《教程》（广州）
1	上海（25/10.55%）	北京（72/31.44%）	北京（48/29.81%）
2	黑龙江（哈尔滨）/陕西（西安）（11/4.64%）	云南（16/6.99%）	北方（统指）（15/9.32%）
3	山东（10/4.22%）	陕西（西安）/北方（统指）[1]（11/4.80%）	西藏（9/5.59%）
4	新疆（9/3.80%）	四川/西藏（10/4.37%）	四川/山东（6/3.73%）
5	江苏/四川/香港（6/2.53%）	江苏（7/3.06%）	上海（5/3.11%）

1）即教材中并未定指某一城市，以"北方"为定语出现的文化点，如"北方人、北方天气"等。
说明：括号内为文化点出现频次和占比。

由上述分析可知，《汉教》和《拾级》《教程》在本地和外地文化点的占比差异确实是为了体现中国的主流文化——北京文化。《拾级》和《教程》中，

---

① 《汉教》4例，《拾级》3例，均位于语法和练习，《教程》没有提及。

北京以及北方文化呈现比例较高，甚至高于本地文化呈现比例。和北京、北方文化呈现相比，本地文化的呈现占比略显不足。

3.2 三套教材所呈现的本地文化和外地文化的重要程度

3.1 主要从呈现频次来看地域文化呈现情况，那么三套教材中本地文化和外地文化呈现的重要程度如何呢？北京、北方文化的重要程度是否也同样高于本地文化呢？我们将从呈现位置和呈现权重对本地文化和外地文化的重要程度进行分析。我们认为，显性文化是编者想直接呈现的文化，而隐性文化的呈现并不是编者的主要意图，因此，可以认为显性文化的重要程度高于隐性文化，即

呈现于课文和注释（文化讲解）板块的文化点的重要程度高于呈现于语法或练习板块的文化点。张虹、李晓楠（2022）的框架对更加重视或凸显文化内容的呈现方式赋予了更高的权重，权重越高，说明重视程度越高。为了更好地说明北京、北方文化的重要程度，我们将《拾级》和《教程》中的外地文化进一步细分为北京、北方（统指）文化，以及其他地区文化。

3.2.1 三套教材文化点显隐性分布情况

我们先统计了三套教材中本地文化和外地文化显隐性呈现频次和占比（表3）。

表3 三套教材本地文化和外地文化显隐性呈现频次和占比

文化类型		《汉教》（北京）		《拾级》（上海）		《教程》（广州）	
		显性	隐性	显性	隐性	显性	隐性
本地文化		66/27.85%	64/27.00%	24/10.48%	34/14.85%	34/21.12%	23/14.29%
外地文化	北京、北方	—	—	43/18.78%	40/17.47%	32/19.88%	31/19.25%
	其他地区	42/17.72%	65/27.43%	41/17.90%	47/20.52%	23/14.29%	18/11.18%
总计		108/45.57%	129/54.43%	108/47.16%	121/52.84%	89/55.28%	72/44.72%
		237/100%		229/100%		161/100%	

从表3可见：①《教程》总体的显性呈现高于隐性呈现，《汉教》《拾级》则相反。②《教程》和《拾级》中北京、北方文化的显性呈现和隐性呈现相差不大，但《教程》中本地文化以及其他地区文化的显性呈现高于隐性呈现，《拾级》则相反；《汉教》受到本地文化即北京文化的影响，显性呈现和隐性呈

现也相差不大，但外地文化的显性呈现低于隐性呈现。③《教程》中本地文化的显性呈现和北京、北方文化的显性呈现相差不大，远高于其他地区文化的显性呈现；《拾级》中本地文化的显性呈现远低于隐性呈现，不仅低于北京以及北方文化，甚至低于其他地区文化。

由此可见，相对于《拾级》来说，

《教程》对本地文化的凸显程度更高，在课文和注释（文化讲解）的出现占比多于语法和练习。那是否可以说明《教程》比《拾级》在文化本地化方面做得更好呢？我们又计算了三套教材本地文化和外地文化的权重，以及每个文化点的平均权重，来看教材对本地文化和外地文化的重视程度。

3.2.2 三套教材本地文化和外地文化显隐性权重以及文化点平均权重情况

三套教材本地文化和外地文化显隐性权重，以及文化点平均权重如表4所示。

表4　三套教材本地文化和外地文化显隐性权重、权重比例以及文化点平均权重

文化类型		《汉教》（北京）		《拾级》（上海）		《教程》（广州）	
		显性	隐性	显性	隐性	显性	隐性
本地文化		75/29.64%/1.14	71/28.06%/1.11	43/15.99%/1.79	37/13.75%/1.09	48/24.87%/1.41	20/10.36%/0.87
		146/57.71%/1.12		80/29.74%/1.38		68/35.23%/1.19	
外地文化	北京、北方	—	—	45/16.73%/1.05	41/15.24%/1.03	40/20.73%/1.25	38/19.69%/1.23
				86/31.97%/1.04		78/40.41%/1.24	
	其他地区	44/17.39%/1.05	63/24.90%/0.97	56/20.82%/1.37	47/17.47%/1	25/12.95%/1.09	22/11.40%/1.22
		107/42.29%/1.00		103/38.29%/1.17		47/24.35%/1.15	
总计		119/47.04%/1.10	134/52.96%/1.04	144/53.53%/1.33	125/46.47%/1.03	113/58.55%/1.27	80/41.45%/1.13
		253/100%/1.07		269/100%/1.17		193/100%/1.20	

由表4可见：①从权重上看，《汉教》本地文化权重高于外地文化，《拾级》《教程》本地文化权重远低于外地文化，甚至低于北京、北方文化权重。三套教材的本地文化，以及北京、北方文化（《拾级》《教程》）的显性呈现权重均高于隐性呈现。《拾级》和《教程》其他地区文化的显性呈现权重略高于隐性，《汉教》则相反。②从文化点平均权重看，由于张虹、李晓楠（2022）的框架对显性呈现赋重较高，因此三套教材总体显性文化点平均权重高于隐性文化。除了《教程》中其他地区显性文化

点平均权重小于隐性文化点以外，三套教材中本地文化和外地文化的显性文化点平均权重均大于隐性文化点。

结合表3可知，虽然《教程》的本地文化显性呈现占比高于隐性呈现，《拾级》则相反，但《拾级》本地文化点平均权重（1.38）大于《教程》（1.19），而且《拾级》本地文化点平均权重（1.38）高于外地文化点〔（1.04+1.17）/2=1.105〕，《教程》则相反，这说明《拾级》虽然本地文化点呈现频次较低，但呈现权重较高，而且本地文化点的呈现权重高于外地文化点。《教

程》本地文化点的呈现权重远低于北京、北方文化点，说明《教程》对北京、北方文化点呈现更为详细。

由此可知，由于《汉教》的本地文化为北京文化，自然《汉教》对本地文化的重视程度最高，表现在显性呈现占比、权重以及文化点平均权重均高于隐性呈现，本地文化的呈现占比、权重以及文化点均权重均高于外地文化。《拾级》和《教程》对本地文化的重视程度各有千秋。《拾级》本地文化点呈现权重更高，而《教程》本地文化点呈现占比更高。两套教材在文化点显隐性呈现占比分布上都十分凸显北京、北方文化，而从文化点平均权重来说，《教程》更甚。

3.3 三套教材本地文化和外地文化类别分布情况

文化点类别分布广度可以反映教材

中文化呈现的多样性。在此我们也对三套教材本地文化和外地文化类别进行了统计。我们采用的是徐霄鹰、谢爽（2014）、周小兵等（2019）的文化分类方式。这种分类方式是对 3212 册典型汉语教材构成的约 500 万字语料标注统计而得出的，对汉语教材的分析适用性和针对性较强。该分类包括四级编码，但由于很多三级编码并没有四级编码，因此我们仅统计前三级编码。统计结果显示，《汉教》包括 5 个一级编码、13 个二级编码和 27 个三级编码，《拾级》包括 5 个一级编码、18 个二级编码和 32 个三级编码，《教程》包括 5 个一级编码、14 个二级编码和 20 个三级编码。总的来说，《拾级》所涉及的文化类别更广。三套教材本地文化和外地文化涉及的文化类别数如表 5 所示。

表5 三套教材本地文化和外地文化类别数

教材	地域		一级编码	二级编码	三级编码
《汉教》（北京）	本地		5	12	21
	外地		3	8	17
《拾级》（上海）	本地		4	12	21
	外地	北京、北方	5	16	21
		其他地区	2	10	20
《教程》（广州）	本地		4	10	20
	外地	北京、北方	4	12	20
		其他地区	3	7	11

由表5可见，从类别数看，《拾级》和《教程》中北京、北方文化所占类别数大于或等于本地文化所占类别数，其他地区文化所占类别最少；《汉教》中本地文化所占类别数远大于外地文化。由此可见，三套教材中，北京、北方文

化在教材中呈现的多样性最高。

除此以外，我们还发现，三套教材在文化呈现类别上相似度也较高，三套所共选的文化类别数占三套教材类别数的60%以上（表6），可见三套教材在呈现文化类别的选择上高度相似。

三套教材不仅在文化类别的选择上相似度较高，在同类别下的文化具体内容也呈现较大的同一性，同样对北京、北方文化呈现较多，而对本地文化呈现较少。举数例如下：

（1）对于日常食物和饮食流派及地方风味，三套教材均选了北京烤鸭。《拾级》（上海）和《教程》（广州）还选了西红柿炒鸡蛋、宫保鸡丁，却完全没有提到当地特色菜，如上海的老鸭粉丝汤、灌汤包等，广州的白切鸡、叉烧等。

表6　三套教材共选文化类别

编码	文化类别
一级编码（5）	中国国情、成就文化、日常生活与习俗、交际活动、思想观念
二级编码（12）	人民、地理、语言文字、交通、居住、休闲娱乐与健康、学习与工作、饮食及习俗、购物消费、跨文化交际、历史、时空观
三级编码（19）	气候天气、方言、公共汽车、居家、旅行、职场、饮食流派及地方风味、购物场所、文化总体对比、区域城市景点介绍、交通概况、空运、艺术爱好、学生生活、空间观念、交通概况、日常食物、铁路、地铁轻轨

（2）对于艺术爱好，三套教材均选了京剧。《拾级》（上海）还提及纳西古乐和东巴乐舞，《教程》（广州）还提及昆曲、藏族音乐和藏族舞蹈，却完全没有提及当地的特色艺术形式，如上海的沪剧、昆曲等，广州的粤剧等。

（3）对于区域城市景点介绍和旅行，三套教材均选了北京的故宫、长城。《拾级》（上海）还提及北京的胡同、后海等，仅在语法中提及上海博物馆，完全没有提及上海著名的东方明珠、外滩等景点；《教程》（广州）还提及北京的奥林匹克公园、北京的街道等，却完全没有提及广州著名的广州塔、白云山等景点。

（4）对于问路的话题，三套教材均选择了以东南西北作为指路的方向，《拾级》（上海）和《教程》（广州）均未考虑到南方指路时一般不提及东南西北，而更多以左右前后指明方向。

4　总结和建议

从以上分析我们可以发现，在文化点呈现占比上，《拾级》和《教程》中北京、北方文化呈现比例高于本地文化呈现比例；在重要程度上，两套教材在文化显隐性呈现占比分布、文化权重以及文化点均权重上都十分凸显北京、北方文化；在文化类别分布上，两套教材对于北京、北方文化的呈现类别数也高于本地文化。此外，三套教材在文化类别的选择上相似程度较高，相似的文化类别下具体的文化内容也以北京、北方文化为主。可见即便是当地大学所编写的教材，也更多充斥着北京、北方文化，对本地文化的融入不足。这不仅增加了教师在教学中进行本地化改编的工作量，也不利于学生尽快熟悉当地文化，适应当地生活。对于刚来中国的学生，当地文化才是他们最先接触、急需了解的文化，而北京、北方文化可以在他们对中国有一定了解以后逐渐增加。因此，初级汉语综合教材应该以当地文化为主，将本地文化因素融入语言教学之中，到后期再逐渐增加北京、北方文化以及其他地区的文化。对于初级综合教材编写时本地文化的融入，我们有如下建议：

（1）增加当地文化的出现占比，均衡主流文化和当地文化的比例和权重。

（2）合理分布当地文化点在课文、注释（或文化讲解）、语法和练习的比例和权重。在初级阶段后期可以编写一些与当地文化密切相关的介绍性内容，如《拾级》（第4级）第九课《姚明的故事》。

（3）增加当地文化呈现类别的多样性，从最基础的饮食、交通、休闲、旅行、气候等方面入手，全方位、多角度地将当地文化融入教材各个部分。将当地人生活的常见场景（如广州人喝早茶的场景）编写进入教材，以帮助留学生尽快了解、适应当地生活。

参考文献

安文玲.对外汉语综合课程中融入云南文化的教学研究［D］.昆明：云南师范大学，2018.

常海鸽.汉语国际教育视域下陕西文化发展的策略研究［J］.长江丛刊，2020（6）.

陈光磊.关于对外汉语课中的文化教学问题［J］.语言文字应用，1997（1）.

国家汉办.高等学校外国留学生汉语言专业教学大纲［M］.北京：北京语言大学出版社，2002.

刘行.基于汉语教材调查的南京地域文化教学研究［J］.汉字文化，2020（21）.

沈莉娜.完善河北留学生汉语教学 助力燕赵文化海外传播［J］.华北理工大学学报（社会科学版），2018（2）.

苏翔.地方文化与对外汉语文化教学：以江苏徐州地方文化为例［J］.江苏师范大学学报（教育科学版），2014（S2）.

王若楠.对外汉语教学中地方文化教学的必要性和可行性分析［J］.佳木斯职业学院学报，2018（10）.

王悦欣，张彤.对外汉语教学中地域文化的导入：以河北为例［J］.河北学刊，2011（6）.

徐霄鹰，谢爽.国际汉语教材分地区文化项目考察报告［C］// 周小兵，孟柱亿.国际汉语教育：教学资源与汉韩对比：2012国际汉语教学资源暨汉韩语言对比研讨会论文选.广州：中山大学出版社，2014.

张虹，李晓楠.英语教材文化呈现分析框架研制［J］.中国外语，2022，19（2）.

张虹，于睿.大学英语教材中华文化呈现研究［J］.外语教育研究前沿，2020，3（3）.

张慧明，黎湾.对外汉语综合课教材中的地域文化研究：以《新实用汉语》和《魅力汉语》为例［J］.才智，2021（2）.

张艳萍.云南对外汉语教学的地域特色［J］.云南师范大学学报，2005（5）.

周小兵，谢爽，徐霄鹰.基于国际汉语教材语料库的中华文化项目表开发［J］.华文教学与研究，2019（1）.

KELES U，YAZAN B. Representation of cultures and communities in a global ELT textbook：A diachronic content analysis［J］. Language teaching research，2020，27（5）.

MORAN P R. Teaching culture：Perspectives in practice［M］. Boston：Heinle，2001.

QODRAINI L U，KARDIANSYAH M Y. Exploring culture in Indonesia English textbook for secondary education［J］. JPI（Jurnal Pendidikan Indonesia），2018，7（1）.

梁珊珊，华南理工大学国际教育学院，510006

iessliang@ scut. edu. cn

40 年来新加坡小学华文教材练习演变研究[①]

杨万兵　甘寒松

摘　要： 新加坡与马来西亚的华文教育本为同一源流，1965 年新加坡独立后两国的华文教育却逐渐分化，形成不同的发展趋势。本文以布鲁姆教育目标分类法为理论参照，分析了新加坡小学华文教材《小学华语》（1976）、《欢乐伙伴》（2016）练习的特征，并与部编版语文教材和进阶式汉语二语教材《成功之路》进行对比。研究显示，新加坡小学华文教材的练习向二语教材趋近。联系同时期新加坡语言政策环境发现，新加坡小学华文教材练习演变方向、趋势与同时期该国语言政策相匹配，这对未来海外华文教材编写以及中文教学如何适应所在国家或地区的语言政策、政治生态具有一定的参考意义。

关键词： 小学华文教材；练习；新加坡；语言政策

1　引　言

　　由于历史的原因，新加坡和马来西亚曾有很长时期同属一体，其华人社会的华文教育也采用相同的发展策略。1965 年新加坡独立后，在华文教育方面，两国逐渐走上了不同的发展道路：马来西亚的华文教育依然保持了母语教育属性，并建立起从幼儿园到高等教育完整的华文教育体系；新加坡的华文教育逐渐转为第二语言教学。二者呈现出不同的发展态势，这是两个国家采取不同语言教育政策的结果。在两种不同的语言生态下，作为语言教育重要载体的教材，是否也呈现出不同的面貌，或者说，教材是否反映了相应的语言教育政策？这是本文尝试回答的问题。

2　研究思路与理论参照

　　为回答上述问题，本文试图通过对 1976 年以来新加坡的两套华文教材，即新加坡《小学华语》（1976）、《欢乐伙伴》（2016）中

———————

① 本研究得到教育部中外语言交流合作中心 2022 年国际中文教育研究课题重点项目（22YH25B）、教育部中外语言交流合作中心 2021 年国际中文教育创新项目（21YH016CX1）、国家社会科学基金重大项目（19ZDA311）资助，特此致谢。

练习的历时考察，分析其发展演变特征与规律，尝试解释其原因，以期对未来国别化教材如何更好地适应所在国家或地区语言政策与政治生态提供参考。新加坡《小学华语》（1976）依据新加坡教育部1976年公布的《小学华语（第一语文）课程标准》编写，供华语作为第一语文的学生使用。《欢乐伙伴》（2016）是目前新加坡通用的小学华文教材，依据2015年《小学华文课程标准》编写。这两套教材均为一个年级分上下两册，一整套共计12本，两套共24本。本文即基于这24本教材进行研究。

关于新加坡华文教材的研究，近年来受到了学界较多的关注，主要包括国内母语教材与新加坡华文教材之间、新加坡华文教材内部横向对比研究和新加坡华文课程、教材纵向发展研究两个方面。前者如林丹薇（2011）、印贞（2012）、黄淑琴和刘紫乔（2016）、刘梦（2018）等，主要探讨课程标准、编写体例与内容等方面的异同与建议；后者如吴宝发（2013）认为新加坡1956年后的30年为华语文学习从第一语文转为第二语文的摸索和适应期，黄黛菁（2013）发现新加坡1979—2011年四套华文教材在内容、词汇、语法等方面发生了二语化的历时变化。历时地看，新加坡华文教材在不同历史时期的发展演变与教育政策之间的关系，值得通过具体案例进行深入探讨，这对向历史学习进而更好地面对未来具有较高的指导意义。

在教材练习研究方面，运用布鲁姆教育目标分类法对汉语母语教材和海外华文教材进行的研究也取得了一定成果。如邱瑾（2022）、陈敏华（2020）等，通过布鲁姆分类法对教材的练习设计进行评估，具有较高的参考价值。布鲁姆教育目标分类理论最初由布鲁姆等美国心理学家提出，为学生的学习效果提供评价标准，从低到高分为"知识、理解、运用、分析、综合、评价"等六个层次来评估学习效果，后由布鲁姆的学生安德森修订为"记忆、理解、应用、分析、评价、创造"等六个层次（马文杰，2022）。布鲁姆教育目标分类法阐述了知识与能力的关系，为教学提供了参照方向，也为分析评估教学各环节包括练习设计提供了参考依据。本文即为参考安德森版布鲁姆教育目标分类法（安德森等，2008）对40年来新加坡华文教材练习评估的尝试，以期探索其发展演变的基本特征。

同时，文章也以汉语母语（部编版小学语文教材）、二语教材（《成功之路》系列教材）练习作为参照系，以此比较、评估不同时期新加坡华文教材与二者的趋同化程度。参考邱瑾（2022）对部编版小学语文教材练习的统计结果，本文将部编版小学语文教材练习按照布鲁姆教育目标各层次进行分类，得出以下折线图（图1。图中纵轴为不同层次在各册教材中的占比，后图同）。

参考赵玥（2020）对汉语二语《成功之路》系列教材的课后练习研究成果，将其按照布鲁姆教育目标层次进行分类，得出折线图（图2）。

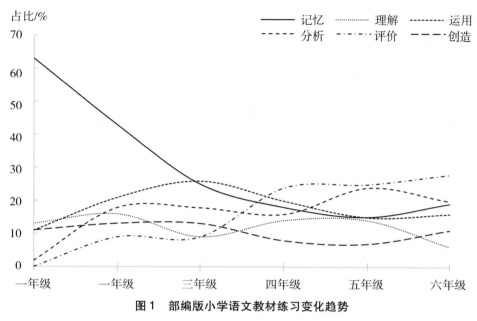

图1 部编版小学语文教材练习变化趋势

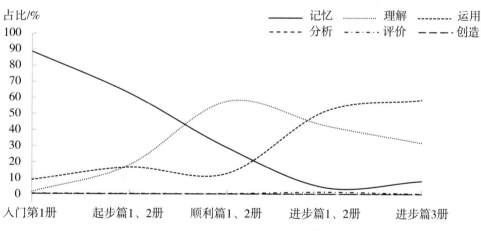

图2 《成功之路》系列教材练习变化趋势

对比母语、二语教材练习的层次分类结果，随着学段提高，记忆层次均呈下降趋势；理解、运用层次都很受重视；但母语教材练习的分析、评价、创造层次呈平稳上升趋势，而二语教材的这几个层次要求都不高。这个比较结果也基本符合对母语、二语教材培养目标的一般认知。

3 新加坡小学华文教材练习设计的历时变化

3.1 《小学华语》（1976）练习及其层次分布

3.1.1 题型总体分布情况

《小学华语》（1976）的题型累计10种，分别为抄写、改错、简答、连词成句、连线、认读、填空、写作、选择、　造句等，具体数据分布如表1所示。

表1　《小学华语》（1976）各类题型分布情况

题型	例 题	层次	数量	占比
抄写类	写写看（一年级上册）	记忆	222	8%
改错类	下面划了线的都是错字，把正确的字写在括号里。（二年级下册）	理解	50	2%
简答类	哪些小动物会建造自己的家？（三年级上册）	理解	764	28%
	这封信的内容可分为几部分？（三年级上册）	分析		
	国强的行为有什么值得我们学习的地方？（三年级上册）	评价		
	蒸汽机的发明对后人有什么贡献？（三年级下册）	运用		
连词成句类	做一做：把每题中的词语重新排好，使它成为一个合理的单句。（一年级下册）	理解	28	1%
连线类	做一做：用直线把可以配合在一起的词语连起来。（一年级下册）	理解	47	2%
认读类	听和说（一年级上册）	记忆	751	28%
填空类	做一做：把适当的词语填进空格里。（一年级上册）	理解	516	19%
写作类	观察下面的图画，然后依照它的意思，写出一篇短文。（三年级上册）	运用	12	0%
选择类	选择解释：处处——（　）1. 处理 2. 处置 3. 各处 4. 好处（三年级下册）	理解	87	3%
造句类	试用下列词语造句：美观　经常　不但……而且……（三年级上册）	运用	207	8%
总 数			2684	100%

表1显示，认读、简答以及填空类练习占比较大，可以看出该套教材对语言知识以及课文内容掌握情况有着相同的重视程度；但是从写作方面来看，对学生较高层次的训练稍有欠缺。

3.1.2　各年级题型分布特点

《小学华语》（1976）各年级的题型分布有一定的特点，具体分布情况如表2所示。

表2《小学华语》（1976）各年级题型数量分布情况

年级	认读	填空	抄写	选择	改错	连词成句	连线	造句	简答	写作
一年级	252	30	109	17	—	9	32	—		
二年级	251	24	113	—	16	10	10	25	—	
三年级	90	70	—	4	5	9	5	58	167	9
四年级	87	111	—	30	15	—	—	33	186	3
五年级	44	196	—	20		—		57	214	—
六年级	27	85	—	16	14			34	197	

从表2可知，低学段认读和抄写数量最多，以机械性练习为主，重视对知识的掌握；中学段简答题和填空题占比最多，认读仍有一定地位，该学段开始逐渐重视造句练习，机械性练习和有意义练习并重；高学段简答题和填空题最多，认读占比减少，更重视有意义练习。值得注意的是，该套教材中写作题只在中学段出现，在学生语言知识逐渐丰富、认知水平不断升高的情况下，写作类题目应该不断增多，但该套教材对此并未有体现。

3.1.3 布鲁姆教育目标分类理论下的练习分布特点

参照布鲁姆教育目标分类法对不同年级练习进行分类统计，结果如图3所示。

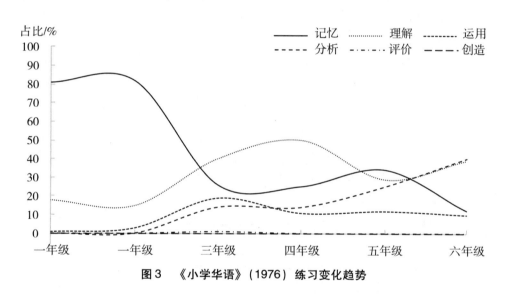

图3 《小学华语》（1976）练习变化趋势

可见，《小学华语》（1976）记忆、运用、分析等层次与母语教材练习趋势较为相似，理解、评价、创造等层次与二语教材练习较为相似，呈现出从母语教材向二语教材的过渡状态。

1.2 《欢乐伙伴》（2016）练习及其层次分布

3.2.1 题型总体分布情况

《欢乐伙伴》（2016）题型种类较少，共计七类，分别为活动、简答、句子变换、认读、填空、写作、造句等，其布鲁姆教育目标分类法对应情况如表3所示。

3.2.2 各题型分布特点

《欢乐伙伴》（2016）各年级题型分布呈现出一定的变化趋势，具体分布情况如表4所示。

表3 《欢乐伙伴》（2016）各题型分布情况

题型	例题	层次	数量
活动类	你知道家人的名字吗？回家问问他们，认认他们的名字。跟长辈说话时要用"您"哦！（一年级上册）	运用	78
简答类	——你在做什么？ ——我在…… ——你喜欢做什么？ ——我喜欢……，也喜欢……（一年级上册）	记忆	632
	听故事，回答问题：小熊生日那天，请谁来家里玩？（一年级下册）	理解	
	读后说：说说你观看国庆庆典的经过和感受。（五年级下册）	运用	
	下面两个信封上地址和收信人的写法有什么不同？（四年级下册）	分析	
	从朱比赛的身上我们可以学到些什么？（四年级下册）	评价	
句子变换类	"要是"和"如果""假如"的意思一样，表示假设：在汤里加上一些玉米，汤就会更甜。——要是在汤里加上一些玉米，汤就会更甜。（五年级上册）	理解	131
	可以用"像……一样"让句子更生动。曹军的箭射过来。——曹军的箭像雨点一样射过来。（六年级上册）	分析	
认读类	认一认。（一年级上册）读一读。（一年级上册）	记忆	486
	小熊、小猴是怎么和小狗坐在一起的？（一年级下册）	理解	
填空类	谜语四则。（三年级上册）	分析	21
写作类	在生活中，如果有事情要告诉别人，可是他不在，你可以给他留一张便条。（三年级上册）	运用	50
造句类	读读写写：什么时候、什么人、做了什么事。例句：新年前，妈妈买了年花。（二年级上册）	运用	48
总数			1446

表4 《欢乐伙伴》（2016）各年级题型数量分布情况

年级	认读	填空	造句	句子变换	活动	简答	写作
一年级	152	—	—	—	26	99	—
二年级	97	3	48	—	31	112	—
三年级	54	9	—	28	9	140	14
四年级	34	9	—	36	7	106	16
五年级	81	—	—	32	4	109	14
六年级	68	—	—	35	1	66	6

　　从各学段来看，低学段的题型种类较少，主要以认读和简答题的形式出现；进入中高学段后，教材练习虽然仍然以认读和简答为主，但是题型的丰富程度

随着年段的升高而不断扩大，出现句子变换类和写作类题型。这意味着随着学段的升高，教材对学生能力的考察逐渐多样化，由机械性练习转化为理解性和交际性练习，更加迫切地希望学生将基础性的汉语知识投入使用，将其内化为学生的语言能力。

3.2.3 布鲁姆教育目标分类法下的练习分布特点

《欢乐伙伴》（2016）练习系统按照布鲁姆教育目标分类法进行分类，得到以下分析结果。统计结果如图4所示。

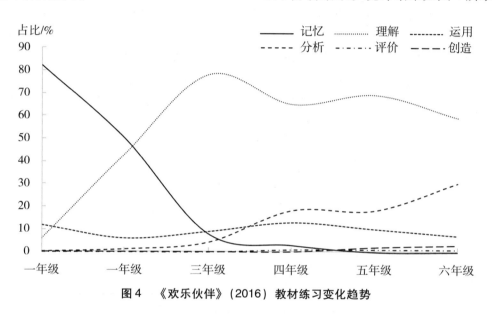

图4 《欢乐伙伴》（2016）教材练习变化趋势

运用层次在母语教材和《欢乐伙伴》中占比以及涨幅都较为接近，呈现占比较低、涨幅较平稳的状态；母语教材中的分析层次在二年级起呈平稳增长的状态，而《欢乐伙伴》在四年级才达到母语教材二年级时期的占比，但是对比二语教材，分析层次的练习题涉及极少；记忆层次在第三阶段骤降，占比不足10%，变化趋势与二语教材相似；二语教材和《欢乐伙伴》理解层次的变化趋势较为接近，均在三年级达到最高占比；评价和创造层次在《欢乐伙伴》中涉及的练习都较少，与二语教材较为相似。综上所述，《欢乐伙伴》的练习运用和分析层次与母语更接近，记忆、理解、评价、创造层次与二语教材更为接近。

3.3 不同年代新加坡华文教材练习与母语、二语教材相关性分析

上文从布鲁姆教育目标分类法角度对跨度40年的两套新加坡华文教材练习进行了基础数据分析。以下通过计算各维度各年级与母语教材和二语教材差值的方法来评估两套教材练习总体趋势与母语、二语教材练习之间的趋同程度差异。

3.3.1 《小学华语》(1976)数据分析

将《小学华语》（1976）与部编版

语文和《成功之路》教材练习数据进行差值计算。如一年级记忆层次为81%，部编版一年级记忆层次为63%，则《小学华语》（1976）与部编版一年级记忆层次的差值为18%。依次计算出该年级各个维度的差值，然后再对每个年级进行相同的操作，最后得出该套教材同一个维度各个年级之间的差值的平均值，将其与部编版和《成功之路》进行分析得出的最终结果进行对比，数值越小，

说明越接近。需要特别说明的是，汉语教材《成功之路》属于进阶式汉语教材，与母语教材和华文教材的编排方式有所不同。本文将教材分为五个阶段，所以在将华文教材和《成功之路》进行对比时，只对比了前五个年级，最终得出以下两个表格：表5《小学华语》（1976）与部编版语文教材练习对比，表6《小学华语》（1976）与《成功之路》教材练习对比。

表5　《小学华语》（1976）与部编版语文教材练习对比的差值

年级	记忆	理解	运用	分析	评价	创造	均值
一年级	18%	5%	10%	2%	0%	11%	8%
二年级	39%	1%	18%	18%	9%	13%	16%
三年级	1%	31%	7%	4%	8%	13%	11%
四年级	4%	36%	9%	2%	24%	8%	14%
五年级	19%	15%	3%	1%	25%	7%	12%
六年级	7%	33%	6%	20%	28%	11%	18%
均值	15%	20%	9%	8%	16%	11%	13%

表6　《小学华语》（1976）与《成功之路》教材练习对比的差值

年级	记忆	理解	运用	分析	评价	创造	均值
一年级	8%	17%	8%	0%	0%	0%	5%
二年级	19%	3%	16%	0%	0%	0%	6%
三年级	3%	18%	6%	14%	1%	0%	7%
四年级	18%	7%	41%	14%	1%	0%	13%
五年级	26%	6%	45%	25%	0%	0%	17%
均值	15%	10%	23%	11%	0%	0%	10%

表5和表6的结果显示，《小学华语》（1976）练习系统与部编版语文教材练习系统的差值为13%，《小学华语》（1976）练习系统与《成功之路》练习系统的平均差值为10%。因此，总体而言，《小学华语》（1976）的练习系统与二语教材的练习系统更为接近。

3.3.2　《欢乐伙伴》(2016)数据分析

将《欢乐伙伴》（2016）与部编版语文教材和《成功之路》汉语教材练

习的数据进行分析，得出以下两个表格：表7《欢乐伙伴》（2016）与部编版语文教材练习对比，表8《欢乐伙伴》（2016）与《成功之路》教材练习对比。

表7　《欢乐伙伴》（2016）与部编版语文教材练习对比的差值

年级	记忆	理解	运用	分析	评价	创造	均值
一年级	19%	7%	1%	2%	0%	11%	7%
二年级	7%	27%	15%	17%	9%	13%	15%
三年级	17%	69%	17%	14%	9%	13%	23%
四年级	15%	51%	8%	2%	23%	8%	18%
五年级	15%	55%	5%	6%	24%	5%	18%
六年级	19%	53%	9%	10%	27%	8%	21%
均值	15%	43%	9%	8%	15%	10%	17%

表8　《欢乐伙伴》（2016）与《成功之路》教材练习对比的差值

年级	记忆	理解	运用	分析	评价	创造	均值
一年级	7%	5%	3%	0%	0%	0%	3%
二年级	13%	25%	13%	1%	0%	0%	9%
三年级	21%	20%	4%	4%	0%	0%	8%
四年级	1%	22%	40%	18%	0%	0%	13%
五年级	8%	34%	47%	18%	1%	2%	18%
均值	10%	21%	21%	8%	0%	0%	10%

表7和表8的结果显示，《欢乐伙伴》（2016）练习系统与部编版语文教材练习系统的平均差值为17%，《欢乐伙伴》（2016）练习系统与《成功之路》练习系统的平均差值为10%。由此可以看出《欢乐伙伴》（2016）的练习系统与二语教材的练习系统更为接近。

两套教材都显示更接近二语教材，且《小学华语》（1976）与母语教材的平均差值和与二语教材的平均差值相差仅为3%，《欢乐伙伴》（2016）与二者之间的差值达到了7%。据此我们可以得出结论：从布鲁姆教育目标分类法来看，新加坡小学华文教材的练习系统与二语教材的接近度越来越高。

4　40年来新加坡华文教材练习变化趋势及原因分析

4.1　新加坡华文教材练习变化趋势

上文分析显示，40年来新加坡小学华文教材练习呈现出二语化趋势，相应地，其题型题量呈现出较为明显的变化趋势。从题型来看，两套教材都有的题型为认读、填空、造句、简答和写作，与《小学华语》（1976）相比，《欢乐伙伴》（2016）中不再出现抄写、选择、改错及连词成句题型，新增了开放程度更大的句子变换及活动题型，练习题型种类虽不如以前丰富，但是更加重视有意义练习。从两套教材共有题型来看，其数量也有一定的变化。认读题型、填空题、造句题都呈下降趋势，简答题、写作题型呈增加趋势。从共有题型变化趋势可见更加重视有意义练习，这样的变化能够更好地提升学生的语言综合运用能力，使语言学习更加生动有趣。

从布鲁姆教育目标分类理论来看，两套教材对各个层次的重视程度有所不同。《小学华语》（1976）的记忆层次练习题虽然随着年级升高有所减少，但覆盖整个小学阶段，而《欢乐伙伴》（2016）高年级段该层次的练习题非常少；理解、运用层次《欢乐伙伴》（2016）比《小学华语》（1976）占比高，更加重视有意义练习和语言运用能力的锻炼；分析层次《小学华语》（1976）三年级开始出现，到六年级时占比达到40%，而《欢乐伙伴》（2016）虽从二年级开始出现，但是直到四年级才开始出现较多该层次的题目，并且到六年级时也只占30%，由此可见，《小学华语》（1976）对学生汉语思维能力以及对课文内容的理解能力要求更高；评价和创造两个层次《欢乐伙伴》（2016）比《小学华语》（1976）占比高，显示新时代的教材练习题开放程度更高。

4.2 原因分析

新加坡小学华文教材练习设计逐渐呈现二语化特征，是新加坡特殊的国情和语言政策决定的。从新加坡语言政策历时演变来看，1956年出台《新加坡立法议院各党派华文教育委员会报告书》，1959年新加坡民选政府执政后，便以该

报告书为蓝本，提出平等对待四种语文源流，推广双语教育，四种语文源流学校合流、以英文作为主导的共通语等政策。实行各族语文源流教育政策，除以本族母语为教学媒介语外，还必须教学第二语文。例如英文学校，除了教授英语作为第一语文外，还必须教授华语为第二语文。这些政策强调两种语文教育的重要性，对华文学校的本土化改造也从此开始。1966年，新加坡教育部将双语教育改为强制性要求，规定第二语文为必修科目，同时各母语学校要以英语为第二语文教授数学和科学，英文学校要以母语为第二语文教授历史和公民，此后华语成为英文学校大部分华族子弟学习的第二语文（戴家毅，2022）。《小学华语》（1976）于1976年出版时，新加坡双语政策实质是母语和英语并重。从教材的编写原则来看，该套教材重视对学生听说读写等方面的训练，"指导儿童学习正确的华语；注重培养学生的爱国情感、积极的人生观和高尚的品德，发扬国家各民族和谐共处与互助合作的精神"。显然，该套教材在课程目标上与母语教材有一定的相似之处，都提到要依据该套教材培养学生核心素养，而非仅仅是语言的综合运用能力。前文对《小学华语》（1976）的练习分析也可以看出，该教材的练习具有较多的母语教材练习特征，同时呈现出一定的二语教材特色。

《1978年教育报告书》的出台确立了英语为主、母语为辅的政策，华文教育开始向华文教学转变。到1987年，全国完全统一为英语为第一语文、母语为第二语文的政策（戴家毅，2022），用华语教授数理化、语文等科目的华校成为历史（吴宝发，2013）。再到2004年，

新加坡教育部成立"华文课程与教学检讨委员会",取消了华语作为必修课,导致越来越多的华族学生放弃学习华语(蔡明宏,2013)。从编写理念来看,《欢乐伙伴》(2016)"重视资源的开发和学习内容的实际运用,通过有意义的活动和任务,让学生在学中用,在用中学,从中把握语言规律,形成语言能力"。相比《小学华语》(1976)而言,其人文性、思想性、文化传承色彩有所下降,教材的主要目的是让学生形成语言能力,能够将所学知识运用到实际生活中。《欢乐伙伴》(2016)练习系统二语化趋势即是对这一政策的响应,其练习所体现的教育目标明显与二语教材更为接近。新加坡小学华文教材练习系统的演变过程是不同发展时期的语言政策影响的结果,同时也与教材编写理念相一致。

5 结论与启示

本文主要考察了40年来新加坡小学华文教材练习的发展演变情况。《小学华语》(1976)从低学段到高学段大致呈现出从机械练习到有意义练习的过渡状态,是较为传统的语言教学理念的反映。记忆、运用、分析等层次与母语教材练习趋势较为相似,理解、评价、创造等层次与二语教材练习较为相似,呈现出从母语教材向二语教材的过渡状态。从数据分析来看,也支持该套教材练习以母语教材练习特征为主、向二语教材练习过渡的趋势。

《欢乐伙伴》(2016)题型种类较少,低中高学段以认读和简答题为主,题型的丰富程度随着年段的升高而不断扩大。随着学段升高,机械性练习转化为理解性和交际性练习,着重培养学生的语言运用能力,也反映了较为先进的语言教学理念。从整套教材练习来看,随着年级的增长,记忆、理解、评价、创造等层次的练习发展趋势与二语教材《成功之路》的走向大体一致;运用和分析层次与母语教材相对更为接近。从数据分析来看,也支持该套教材练习呈现出更明显的二语教材练习特征。

新加坡自建国以来采用双语教育政策,尽管有四种官方语言,但英语是事实上的行政、教育、公共场合等领域的主要语言,各族群母语逐渐成为第二语言,其教学目标设置、教材与教法等都以此为纲。本文研究显示新加坡小学教材练习设计逐渐二语化,也是这些语言政策的反映。从这个角度说,一定国家或地区的汉语教学、发展受当地的语言政策的影响,也要主动适应相应的语言政策,在教材、教法等方面符合其要求,才能取得更好的发展成效。这也是本研究对当前及未来国际中文教育事业的建议。

参考文献

安德森,克拉斯沃,艾雷辛,等.学习,教学和评估的分类学:布卢姆教育目标分类学修订版 [M]. 上海:华东师范大学出版社,2008.

蔡明宏.新加坡华语教育历史之殇与儒学认同 [J].西南交通大学学报(社会科学版),2013(4):73-77.

陈敏华.《华文》(柬埔寨初中版)练习研究 [D].广州:暨南大学,2020.

戴家毅.新加坡华文教育政策变迁研究 [J].民族教育研究,2022(2).

黄黛菁. 新加坡小学华文教材历时研究 [D]. 南京：南京大学, 2013.

黄淑琴, 刘紫乔. 人教版语文教材与新加坡华文教材的"同篇异构"研究 [J]. 课程教学研究, 2016 (1).

林丹薇. 新加坡中学华文课程标准与我国高中语言课程标准比较研究 [D]. 天津：天津师范大学, 2011.

刘梦. 新加坡华文教材《小学华文》与《欢乐伙伴》教学用书对比研究 [D]. 广州：暨南大学, 2018.

马文杰. 基于布鲁姆教育目标分类的课后习题分析与教学实践 [D]. 聊城：聊城大学, 2022.

邱瑾. 基于思维发展的统编本小学语文教科书练习系统研究 [D]. 成都：四川师范大学, 2022.

吴宝发. 新加坡中学华文课程（1987–2011）的发展与演变研究 [D]. 南京：南京大学, 2016.

印贞. 新加坡小学华文教材与我国小学语文教材的对比分析 [D]. 济南：山东大学, 2012.

赵玥. 进阶式对外汉语初级综合教材的练习研究 [D]. 西安：西安石油大学, 2020.

杨万兵, 暨南大学华文学院/海外华语研究中心, 510610

dumuma@ 163. com

甘寒松, 厦门市海沧区教师进修学校附属学校, 361000

1005707678@ qq. com

English Abstracts

A Study on the Challenges in Learning Chinese Pinyin Letter Knowledge among Elementary School Children in the United States—Insights from Phonetic Reading Tasks' Data

Abstract: Using a cross-sectional and longitudinal experimental design, this study examined the Chinese Pinyin reading performance of 32 American children in the first and fourth grades, along with their Chinese oral proficiency. The following results have been revealed: (1) Under the condition of three lessons per two weeks (30 minutes per lesson), American children found it relatively easy to acquire Chinese Pinyin knowledge. After four months of learning, their pronunciation accuracy of initials and finals ranged from 0.54 to 0.86, with higher scores for initials than finals. (2) First and fourth-grade children faced similar learning challenges. There were three categories of particularly challenging aspects for them. The first two categories involved graphic-phonological correspondence discrepancies, including the letters that have the same shape as English letters but different pronunciations, and certain retroflex sounds unique to Chinese, *hekouhu*, and *cuokouhu*. The third category encompassed phonological-graphic correspondence discrepancies, consisting of letter combinations that have similar pronunciation to English but different spellings. (3) After eight weeks of continuous learning, students have significant improvement in most initials and finals, but have improved at a slower pace in some consonants and vowels. (4) Unfamiliar phonemes in both Chinese and English pose challenges. (5) Finals performance during the pre-test had a significant predictive effect on the children's Chinese oral scores in the post-test. These findings indicate that for children in English-speaking environments acquiring Chinese Pinyin letter pronunciation as learning Chinese as their second language (L2), while it may be relatively easy to begin with, consistent and systematic practice is necessary for acquisition and sustained progress.

Key words: Chinese pinyin; second language learning; the United States; elementary school children

A Study on the Perception of Chinese Alveolar and Velar Nasal Codas by Thai Learners of Chinese as a Second Language

Abstract: This study investigated the perception of Chinese alveolar and velar nasal codas by Thai learners of Chinese as a second language (CSL). Three pairs of finals with nasal codas, i. e., [ɑn] versus [ɑŋ], [ən] versus [əŋ], and [in] versus [iəŋ], were selected as the targeted finals in Chinese. Five factors were scrutinized in the experiment, including coda of the targeted syllable, vowel nucleus of the targeted syllable, and position of the targeted syllable, vowel nucleus of adjacent syllable, phonetic context. In addition to the targeted participant group of Thai learners of Chinese as a second language, we also invited native speakers of Chinese as the control group. The experimental results show that vowel nucleus of the targeted syllable is the only significant factor to influence the perception of the articulatory positions of the nasal codas. Thai learners of CSL also show a different pattern compared to the native speakers of Chinese.

Key words: Thai learners of CSL; alveolar nasal; velar nasal; coda; perception

The Distribution Characteristics and Generative Mechanism of Homomorphemic Monosyllabic and Disyllabic Confusable Words by CSL

Abstract: The distribution characteristics of homomorphemic monosyllabic and disyllabic confusable words are: strong commonality, with bidirectional misuse being overwhelmingly dominant; the semantic relationships among words are relatively close. Homomorphemic monosyllabic and disyllabic confusable verbs are often misused in stylistic collocations; nouns are frequently misused in prosodic and stylistic collocations, while adjectives are often misused in semantics. L1-lemma mediation and the lack of prosodic and stylistic information of words in the psychological lexicon of Chinese second language learners are the main reasons for the confusion of words. Overcoming the semantic confusion of words is challenging, while prosodic and stylistic confusion are even more difficult to overcome.

Key words: lexical errors; confusable words; homomorphemic; monosyllabic and disyllabic; Chinese second language learners

A Study on the Acquisition of Words Related to "Jingyan" and "Jingli" by Native Japanese and Korean Speakers

Abstract: Through corpus analysis, it has been found that native Japanese speakers and native Korean speakers may not only confuse "Jingyan" and "Jingli", but also misidentify them with "Tiyan" and "Jingguo". Based on error classification, we first summarized the common and specific errors between native Japanese and Korean speakers, and compared the connections and differences between related words in Chinese with the tool Sketch Engine. Subsequently, through inter-language comparison, we found that there is a one-to-many phenomenon between Japanese, Korean, and Chinese, such as Japanese "Keken" corresponding to "Jingyan", "Jingli", and "Tiyan" in Chinese, and further explored the reasons for different types of errors produced by native Japanese and Korean speakers. In addition, the examination of teaching resources reveals that problems such as part of speech tagging, cyclic interpretation, and atypical example sentences in textbooks and dictionaries can lead to incorrect inference of word meaning or function during the learning process. Finally, we propose some feasible suggestions for textbook development and teaching implementation.

Key words: native Japanese and Korean speakers; *jingyan*; *jingli*; acquisition

The Relationship of Lexical Richness to the Quality of Chinese Learners' Essays in Two Genres

Abstract: Lexical richness has been extensively employed to assess the quality of second language writing. In this paper, the measurement of lexical richness includes four indices of lexical diversity, lexical complexity, lexical density and lexical errors, with 62 narratives and argumentative essays from the HSK Dynamic Composition Corpus sampled as the research data. The paper compared the four indices of lexical richness in narrative and argumentative essays and investigated the relationship of lexical richness to the quality of Chinese Learners' essays in two genres. Results find that: first, in narrative writing, there are significant differences in lexical diversity, lexical complexity and lexical errors among different writing groups; second, in argumentative writing, no significant differences in lexical richness are found among different writing achievement groups; third, lexical errors and lexical complexity can significantly predict the quality of narrative essays, while the number of words and types of words can significantly predict the quality of argumentative essays. Based on the research findings, the paper provides suggestions for the assessment and teaching of narrative and argumentative essays.

Key words: lexical richness; writing quality; narrative essays; argumentative essays; Chinese learners

Chinese Reading Comprehension Theoretical Model Based on Teaching Structure and Process

Abstract: This study aims to emphasize the critical role of Chinese reading comprehension and how to cultivate students' reading comprehension abilities in teaching. We utilized an existing cognitive research database on Chinese reading instruction to establish a structural and process model. We analyzed specific categories of existing literature that cover the core elements of reading comprehension: reading knowledge, reading approaches, reading techniques, and strategies. Additionally, we examined their distribution and impact within teaching structures and processes and developed a theoretical model for the implementation of teaching paths. The establishment of this model can assist teachers in providing more targeted guidance for students' reading instruction, enhancing their reading comprehension skills, and ultimately improving their overall proficiency in the Chinese language. This research also serves as a foundation for enhancing and innovating Chinese reading instruction.

Key words: Chinese reading comprehension; structure and process; theoretical model

The Application of Explicit Cognition in Chinese Grammar Teaching

Abstract: In the framework of explicit cognition theory, this study probes into the present situation and problems in Chinese grammar teaching. The result shows that effectively stimulating language learners' proactive cognition plays a key role in the acquisition of explicit knowledge of grammar. The study thereby focuses on the effect of consciousness-raising and input processing theory and illustrates a series of related cognitive activities such as perception, comparison, grammar judgment, generalization and reasoning in exercise design and classroom teaching, which are useful attempts to build up learners' grammatical consciousness and to improve their grammatical competence of Chinese.

Key words: explicit cognition; consciousness-raising; input processing theory; Chinese grammar teaching

ChatGPT's Corrective Feedback Ability for Chinese L2 Writing

Abstract: This study used ChatGPT 3.5 to revise 321 diaries written by second-language Chinese learners. It explored the corrective feedback ability of this language model in Chinese second-language writing from two perspectives. Firstly, a comparison was made between the scores of the same article before and after modification. Secondly, text differences between the modified versions of 100 articles were analyzed, focusing on error correction, error rectification, improvement of expression, and excessive modification. The study found that the overall quality of the articles improved after being revised by the model, with raters giving significantly higher scores to the modified versions compared to the original ones. ChatGPT exhibited a considerable ability in error correction and could express ideas using more authentic, formal, and coherent language. The model's strongest correction ability was in rectifying typos, followed by punctuation and incorrect word usage. Its ability to correct grammar errors was relatively weaker compared to other aspects. However, ChatGPT displayed a tendency to make expressions more formal and proper than the original, sometimes excessively modifying expressions that were already correct. In some cases, it even changed the intended meaning of the original text or made it more incorrect, potentially leading to confusion among learners regarding learned

Chinese vocabulary and structures.

Key words: ChatGPT; written corrective feedback; Chinese L2 writing

An Investigation and Analysis of the Use of Discourse Markers in Chinese Academic Discourses

Abstract: Based on an investigation of the use of discourse markers in academic papers of humanities, social sciences and science, technology, this paper analyzes the commonalities and differences in the use of different types of discourse markers in the three different disciplines, and lists the most commonly used general academic discourse markers, subtype discourse markers and special discourse markers in each discipline according to the frequency of use. The paper also puts forward some suggestions for the teaching and research of academic Chinese.

Key words: academic discourses; discourse markers

The Design and Implementation of an International Chinese Education Curriculum Based on the Construction of the MTCSOL Core Curriculum

Abstract: This paper takes the construction of the core curriculum of Master's Degree in International Chinese Language Education (international students) as an example to discuss how to implement the requirements of the conformal development of China's higher education in the new era and the spirit of the document "Education Modernization 2035". According to the new requirements of discipline construction and education and teaching reform, this paper explores the path and method of international Chinese education based on core curriculum construction in order to promote greater development of international Chinese education.

Key words：MTCSOL；the development of curriculum；the fundamental essence；international Chinese language education；pathways and methods of education

Course Practice Investigation Report on *Superimposed Chinese Culture and Its Dissemination*

Abstract：In order to meet the requirement of cultivating inter-disciplinary talents for the Master of International Chinese Language Education，from September 2022 to January 2023，the newly-published textbook *Superimposed Chinese Culture and Its Dissemination* was used for the first time in the course of *Chinese Culture and Its Dissemination* at Sun Yat-sen University. This article conducted an investigation on the course teaching practice after the use of this textbook and discovered that 86% of the students thought the course attached importance to the superimposed trait between "Chinese culture" and "its dissemination"，and the parts that most interested them were the trial teaching of culture courses，the discussion on Chinese culture knowledge，and the teaching of dissemination theory. In addition，97% of the students thought that the course content aligned with the goal of comprehensive cultivation and the textbook agreed with the course. However，the difficulties of the course learning faced by master students majoring in Chinese Language were as follows：in respect of knowledge，a lack of knowledge of Chinese culture，dissemination theory，teaching method，etc.；in respect of practice，a vague understanding of culture textbooks and culture course video resources，resulting in difficulty in accurately refining the key and difficult points of the trial teaching course；and in respect of ability，insufficient research ability on classroom teaching，team communication and cooperation，and culture teaching. Aiming at the aforesaid difficulties，scaffolding teaching can be employed to improve future teaching, which focuses on the scaffolding effect of tool, example and teacher.

Key words: *Superimposed Chinese Culture and Its Dissemination*; course; scaffolding teaching

The Application of Regular Expressions in Teaching and Research of Chinese as a Second Language

Abstract: The paper first introduces the concept, principles, and matching rules of regular expressions. It then elaborates on the usage scenarios of regular expressions in the context of teaching and research in Chinese as a foreign language. Additionally, it discusses methods for corpus retrieval and corpus organization using regular expressions, including approaches for handling disyllabic words, date expressions, "X 来 X 去" (repeated actions), "动词 + 了" (verbs with "了"), as well as techniques for handling period-to-line break conversions, removing leading spaces, and eliminating empty lines, and the method of regular expression-assisted corpus annotation.

Key words: regular expressions; retrieval; data cleaning; corpus

A Study on the Compilation of Regional Culture in Elementary Chinese Comprehensive Textbooks

Abstract: Elementary Chinese comprehensive course is a basic and main course for international students. The cultural contents in the textbooks are very important for international students to understand Chinese culture and adapt to local life. The weight of mainstream culture and local culture should be balanced. This article compares the regional cultures in the elementary Chinese Comprehensive textbooks compiled by universities in Beijing, Shanghai and

Guangzhou, to shed some light on the compilation of local cultures in the textbooks. It is found that in terms of the frequency and importance of cultural points, the distribution of cultural categories and specific cultural contents, *Shiji* and *Jiaocheng* each compiled by universities in Shanghai and Guangzhou highlight the culture of Beijing and northern China, while paying scant attention to the integration of local culture. It not only increases the workload of local adaptation for teachers, but is also unhelpful for the new students' adaptation to the local life. Therefore, we should integrate more local culture into the textbooks from the aspects of frequency, writing style, weight and diversity, and then gradually incorporate the cultures of other regions in subsequent stages.

Key words: elementary Chinese comprehensive textbooks; regional culture; local culture; culture of other regions

A Diachronic Evolution Study on the Exercise Design of Chinese Language Textbooks for Primary Schools in Singapore Since 1970's

Abstract: The Chinese language education in Singapore and Malaysia is initially from the same source, but after Singapore's independence in 1965, the two countries' Chinese language education gradually diverged and formed different trends. This paper analyzes the characteristics and trends of the exercise design of primary Chinese language teaching materials in Singapore. Using Bloom's *Taxonomy of Educational Objectives* as a theoretical reference, this study analyzed the characteristics of the exercise design of two sets of primary Chinese textbooks, *Xiaoxue Huayu* (1976) and *Huanle Huoban* (2016) in Singapore, and compared them with the language and literature textbook edited by Ministry of Education, China, for primary schools and the progressive Chinese second language textbook, *The Road to Success*. The results show that the exercises in Singapore's primary Chinese language textbooks converge towards the bilingual textbooks. Moreover, the design of the exercises in the primary Chinese language textbooks in Singapore has evolved to match the language policies of Singapore during the same period.

Key words: Chinese textbooks for primary schools; practice; Singapore; language policy